Traverser l'enfer et croire encore au paradis

MICHELLE KNIGHT

avec la collaboration de Michelle Burford

Traverser l'enfer et croire encore au paradis

TÉMOIGNAGE

Traduit de l'anglais (États-Unis)
par Sébastien Baert et Éric Betsch

J'AI LU

NOTE AUX LECTEURS

Dans le récit des événements de ce témoignage, la chronologie a été resserée ou altérée et certains détails ont été changés au profit de la narration. Pour les passages dialogués, l'objectif était de recréer l'essence des conversations, plutôt que de citer mot à mot. Les noms et caractéristiques permettant d'identifier certaines personnes ont également été modifiés.

TITRE ORIGINAL
Finding me : A Decade of Darkness, A Life Reclaimed

ÉDITEUR ORIGINAL

Pour Joey

Préface

Ma disparition, en 2002, est passée quasiment inaperçue. Jeune mère de vingt et un ans, je suis entrée cet après-midi-là dans un magasin Family Dollar pour demander mon chemin. Durant les onze années suivantes, j'ai été enfermée dans un véritable enfer, comme vous le savez peut-être déjà. Mais il y a encore beaucoup d'autres choses que vous ignorez.

Je n'ai jamais évoqué les souffrances que j'ai connues avant d'être enlevée. Je n'ai jamais révélé pourquoi j'ai répondu à l'homme qui m'a abordée dans le magasin, pas plus que je n'ai décrit la terreur qui s'est emparée de moi lorsque nous en sommes sortis. Je n'ai jamais parlé de ce qui s'est vraiment passé entre Gina, Amanda et moi dans ces murs. En vérité, je n'ai jamais raconté mon histoire dans son intégralité. Jusqu'à aujourd'hui.

Je ne suis pas la première victime de ce genre de calvaire. Chaque fois qu'une affaire d'enlèvement fait les gros titres, la population est sous le choc. Jaycee Dugard a passé dix-huit ans enchaînée dans un cabanon, au fond d'un jardin, en Californie. Elizabeth Smart a été enlevée dans sa chambre, à Salt Lake City, au cours de l'été 2002, comme moi. Shawn Hornbeck, jeune garçon du Missouri, a été kidnappé alors qu'il se rendait à vélo chez un ami. En novembre 2013, trois femmes ont été libérées à Londres, après avoir passé trente ans en esclavage. De telles affaires font la une des journaux mais, lorsqu'elles se tassent, on oublie rapidement les victimes. C'est l'une des raisons pour lesquelles j'ai décidé de dévoiler ma vie dans cet ouvrage. Je veux que chacun se souvienne des disparus.

Je tiens également à vous encourager à prévenir la police si vous êtes témoin de quoi que ce soit d'étrange, comme un enfant trop longtemps absent à l'école ou une femme qui ne semble pas en mesure de sortir de chez elle. Ne craignez pas d'être ridicule s'il s'avère que tout va bien. Vous aurez au moins la tranquillité d'esprit de savoir que vous auriez pu aider quelqu'un en proie à de sérieux ennuis. Prenez juste deux minutes pour alerter la police, je vous en prie.

*

* *

Invisible. C'est ce que j'ai ressenti durant près de quatre mille jours, dans le trou infernal d'Ariel Castro. Chaque jour, je ne pensais qu'à retrouver mon fils, Joey. Si c'était inimaginable avant que cela ne m'arrive, je sais à présent que n'importe qui peut être enlevé. N'importe où. N'importe quand. En ce jour d'été, peu de personnes se sont inquiétées de ma disparition. Personne n'a organisé de manifestation. Les journaux n'en ont pas parlé. Ni ma famille ni mes voisins n'ont eu l'idée de distribuer des tracts. Le monde a continué de tourner comme si je n'en avais jamais fait partie.

J'avais l'impression de hurler à pleins poumons sans que personne ne m'entende.

Pourtant, tout disparu est l'enfant de quelqu'un. Nous ne connaîtrons jamais leurs noms à tous, mais nous pouvons au moins leur réserver une place dans nos pensées. Comme je l'ai dit précédemment, nous nous devons également de prévenir qui de droit au moindre événement bizarre. Ma captivité – longue de onze années – aurait été beaucoup moins longue si davantage de personnes avaient été vigilantes et avaient pris un instant pour alerter la police.

S'il m'a été difficile de revenir sur ce que j'ai enduré, me remémorer cette horreur le fut encore davantage, certains de mes souvenirs étant totalement embrouillés. Je ne sais pas s'il est possible de tirer de l'ordre du chaos, mais c'est ce que j'ai tenté de faire. J'ai probablement omis certains détails, toutefois, cet ouvrage relate exactement ce dont je me souviens après mes onze années de détention. L'homme qui m'a volé une si grande partie de ma vie aurait préféré que je ne dise rien. C'est précisément pour cela qu'il faut que je m'exprime. Avant même de me trouver au mauvais endroit au mauvais moment, j'avais déjà la sensation de ne pas être entendue. Aujourd'hui, je veux parler haut et fort de toutes ces femmes et de tous ces enfants que personne n'écoute. J'espère que jamais plus personne n'éprouvera ce que j'ai connu durant tant d'années, à savoir l'abandon, l'indifférence, l'oubli.

J'ai traversé une des pires épreuves qu'un être humain puisse connaître, c'est vrai, mais mon histoire parle avant tout d'espoir. J'ai peut-être été enchaînée, affamée, battue, pourtant, ce monstre n'a pas totalement broyé mon esprit. Je n'ai jamais cessé de relever la tête et de continuer à vivre.

Je vais maintenant vous raconter comment je m'y suis prise.

1
De nouveau seule

En ce matin de septembre 2013, je me suis levée tôt, vers 5 heures du matin, bien qu'ayant à peine pu fermer l'œil de la nuit, l'esprit assailli par mille pensées tourbillonnantes. *À quoi a bien pu ressembler la vie de Joey, depuis la dernière fois que je l'ai vu ? Quelle tête a-t-il, maintenant qu'il a quatorze ans ? Est-il heureux dans son nouveau foyer ? Se débrouille-t-il bien à l'école ? Que veut-il faire comme métier plus tard ? Sait-il seulement que je suis sa mère ?*

J'avais tant de questions à poser, j'avais raté tant d'années. J'avais vraiment très envie de revoir mon fils mais j'en étais incapable, en tout cas dans l'immédiat. La famille qui l'avait adopté lorsqu'il avait quatre ans s'inquiétait de voir sa vie bouleversée, ce que je comprenais parfaitement, même si cela me brisait le cœur.

— Pour le moment, ils sont d'accord pour vous envoyer des photos de lui, m'avait dit Peggy, mon avocate. Mais vous ne devez pas les montrer en public, afin de protéger sa vie privée.

Peggy et moi nous retrouvâmes afin qu'elle puisse me les montrer. Elle me tendit deux feuillets, que je posai sur la table. Ils comprenaient chacun quatre photocopies de clichés. Je me mis à pleurer à chaudes larmes dès que mes yeux se posèrent sur le premier d'entre eux.

— Oh, mon Dieu, comme il me ressemble !

Vêtu d'un maillot de base-ball bleu et coiffé d'une casquette vissée sur ses cheveux noirs et bouclés, Joey posait avec sa batte sur le bras. La photo semblait récente. Il avait toujours son adorable nez retroussé et paraissait déjà grand pour son âge. Il tenait sans doute ça de son père, qui mesurait un mètre quatre-vingts. En revanche, ce grand sourire, ces petites oreilles et ces lèvres charnues, c'était tout moi. J'écartai les photos, afin que mes larmes ne les abîment pas. Peggy me tendit un mouchoir en papier.

— Regardez, dis-je entre deux sanglots. Il aime le base-ball, comme moi !

J'examinai les photos l'une après l'autre. Sur la deuxième, il avait environ sept ans et était agenouillé, vêtu d'un costume. Sur la suivante, il malaxait une sorte de pâte à cookies dans un saladier.

— Il aime cuisiner, comme moi !

Sur une autre photo, il brandissait une crosse de hockey. Je le découvris également en combinaison de plongée dans une piscine et en train de faire du roller.

— Waouh, c'est un grand sportif, on dirait.

Peggy acquiesça et me sourit. Sur chaque photo, Joey avait l'air heureux. Très heureux.

Du bout des doigts, je caressai lentement son visage. J'aurais tant voulu le toucher pour de vrai, le serrer dans mes bras, lui dire combien il m'avait manqué. Hélas, cinq mois après m'être échappée de ma prison avec l'espoir de le revoir, je ne pouvais l'approcher que par l'intermédiaire de ces photos.

En rentrant chez moi, ce soir-là, je les sortis de nouveau. Contemplant les yeux brillants et le grand sourire de mon fils, je ressentis tout ce que peut éprouver une mère qui a perdu son enfant. Des regrets. *Les choses auraient pu être si différentes pour nous deux.* Et de la colère. *Pourquoi ce salopard a-t-il décidé de m'enlever, moi, plutôt qu'une autre ?* Mais aussi de la joie et du soulagement. *Dieu merci, quelqu'un s'est occupé de mon bébé.* Je rangeai les deux feuillets dans une chemise bleue, que j'avais préalablement étiquetée d'un papillon.

Ce jour-là, dans le bureau de Peggy, ne fut pas la fin de quelque chose. En un sens, c'est là que débute mon histoire. J'ai dû partir à la recherche de mon fils à deux reprises, au cours de ma vie : une première fois, alors qu'il n'avait que deux ans et demi, une autre, après en avoir été séparée douze longues années. J'espérais alors simplement le serrer de nouveau très fort dans mes bras.

2
Ma famille

Je me rappellerai toujours l'intérieur de ce break marron, ses tapis de sol crasseux et son odeur de pomme pourrie. Quand j'avais quatre ans, c'est dans cette voiture qu'on vivait avec ma famille. Eddie et Freddie, mes frères, alors âgés de deux ans, mon petit cousin Mikey et moi nous entassions à l'arrière, nous réchauffant de notre mieux sous une minuscule couverture loin d'être propre.

— Pousse-toi ! braillait souvent Freddie, le plus bavard des jumeaux, qui avait pour habitude de monopoliser la couverture.

Il serrait son petit poing et poussait Eddie. Plutôt calme pour son âge, ce dernier ne résistait pas vraiment. Même s'ils se ressemblaient comme deux gouttes d'eau, avec la même peau olivâtre et les mêmes cheveux noirs et bouclés, je savais lequel des deux éjectait l'autre.

— Laisse ton frère tranquille, Freddie, disais-je.

De deux ans leur aînée, j'étais la grande sœur chargée de régler les disputes.

— Prenez un peu de ma couverture mais arrêtez de vous bagarrer ! ajoutais-je, quand ils commençaient à tirer dessus.

Le calme revenait pour environ trois minutes, puis ils recommençaient. Je les adorais, même s'ils me rendaient folle.

Régulièrement, mon père garait le break près d'un verger de pommiers, en périphérie de Cleveland. Les arbres nous fournissaient alors directement nos repas. J'avalais des pommes vertes jusqu'à en avoir mal au ventre.

— Mettez celles-ci à l'arrière ; nous les mangerons plus tard, disait ma mère, qui nous en jetait d'autres, une par une, depuis le siège avant.

Lorsque j'en attrapais une, je m'amusais avec Mikey, petit bonhomme très maigre aux cheveux bruns.

— Devine où j'ai caché la mienne ? lui demandais-je.

Mikey se contentait de hausser les épaules en souriant.

— Je sais, je sais ! beuglait alors Freddie. Derrière toi !

Je sortais la pomme de sa cachette et l'agitais sous le nez de Mikey, qui éclatait de rire. Ce truc marchait à chaque fois avec lui. Nous passions le temps avec des jeux aussi idiots que celui-ci pendant des heures. Lorsque nous nous installions près du verger, nous cachions tellement de pommes à l'arrière du break que nous oubliions parfois où nous les avions fourrées. Voilà pourquoi la voiture empestait autant.

Je ne sais pas comment nous nous sommes retrouvés sans toit, ni comment nous avons atterri dans l'Ohio. Mes parents n'évoquaient que rarement leur passé. Avec les années, j'ai glané quelques informations. Un jour, ma mère m'a dit qu'elle avait du sang irlandais, noir, hispanique, indien, arabe et italien. « Nous sommes des bâtards », disait-elle. C'est sans doute à ce métissage que je dois mes lèvres aussi charnues que les siennes. Comme je l'entendais parfois parler en espagnol ou en arabe, j'imagine qu'il y a du vrai concernant ces deux origines au moins. « On doit voir les enfants mais pas les entendre », se plaisait-elle également à dire.

J'avais mille questions : avait-elle grandi en parlant ces langues ? Ses parents les lui avaient-ils apprises ? Avait-elle toujours vécu dans l'Ohio ? Les adultes que je côtoyais ne nous disaient jamais rien, à nous autres, enfants. « Ce sont des affaires de grandes personnes », me répondait mon père quand je l'interrogeais à propos de sa vie. Raison pour laquelle j'en savais si peu sur leur enfance.

Je crois bien que nous avons passé une année entière dans le break. Notre vie ne s'est pas beaucoup améliorée ensuite. Si je ne me souviens plus du nom du premier quartier dans lequel nous nous sommes installés, je me rappelle que notre maison à trois chambres se trouvait dans le ghetto. Là, il y avait des prostituées, des souteneurs et des dealers à chaque coin de rue. Des voyous tiraient des coups de feu depuis des voitures qui passaient en trombe. Un peu plus loin, dans notre rue, un débit de boissons restait ouvert toute la nuit. Nous ne sommes pas restés longtemps dans cette maison. Durant toute mon enfance, nous avons déménagé si souvent que ce n'en était même plus drôle. Sans rire, ce devait être tous les deux ou trois mois. Ma tante et mon cousin nous suivaient. Beaucoup d'autres membres de la famille nous ont rejoints plus tard – j'y reviendrai bientôt.

Où que nous emménagions, c'était toujours dans un des pires quartiers de la ville. Cleveland est divisée en deux : l'est et l'ouest, séparés par la rivière

Cuyahoga. Nous avons principalement vécu à l'ouest. Nous n'avons franchi ce cours d'eau qu'à deux reprises ; c'est là que j'ai constaté que, de l'autre côté, les gens habitaient de grandes demeures, avec d'immenses pelouses bien vertes. Les rues y étaient si propres que l'on aurait pu manger par terre. Même l'air sentait meilleur qu'à l'ouest. Comme j'aurais aimé habiter dans cette partie de la ville ! Je ne voulais plus rentrer à la maison, qui me faisait penser à un dépotoir. Franchement, en comparaison avec d'autres quartiers, mon quartier était un vrai bidonville.

Je me souviens bien de Tremont, un des coins où nous avons souvent déménagé, près du centre-ville. Les gangs et la drogue y étaient omniprésents et les trottoirs, jonchés de seringues. Au moins une fois par semaine, j'entendais un coup de feu tiré dans la nuit. Bang ! Eddie, Freddie, Mikey et moi filions alors nous réfugier au fond du minuscule placard dans la chambre que nous partagions.

— Ça va ? demandais-je à Eddie, dont les lèvres tremblaient.

— Oui, chuchotait-il, aussi apeuré que moi.

En tant que grande sœur protectrice, je faisais semblant d'être courageuse et lui promettais que tout allait s'arranger.

L'intérieur de notre première maison était répugnant. Il y avait un escalier qui montait à l'étage, un autre qui descendait à la cave, ainsi que quatre chambres. La moquette était marron et couverte de taches. La salle de bains ne valait guère mieux et la cuisinière ne fonctionnait pas.

Tout un tas de parents sont vite venus vivre avec nous dans cette maison. *Où étaient tous ces gens, quand nous dormions dans le break ?* ne cessais-je de me demander. En plus des tantes, oncles et cousins qui vinrent habiter chez nous, je fis la connaissance d'autres membres de la famille en grandissant, comme mes cousines Lisa et Deanna. Chaque fois qu'une nouvelle personne nous rejoignait, je demandais : « Qui est-ce ? » Personne ne me répondait jamais.

À un moment, nous étions douze à vivre sous ce toit, ce qui suscitait pas mal d'agitation. En outre, de parfaits inconnus entraient et sortaient de la maison à toute heure du jour et de la nuit. La sonnette de la porte ne cessait de retentir, et des types à faire peur déposaient quelquefois des paquets. La nuit, j'avais souvent du mal à trouver le sommeil, à cause des fiestas que s'offraient les adultes. La plupart du temps, la maison puait.

Je n'avais pas de chambre attitrée. Mes cousins et moi étions régulièrement dispatchés dans différentes pièces.

— Où dors-tu, ce soir ? me demanda une tante un jour.

— Je ne sais pas, lui répondis-je. Je vais trouver un coin.

Cette nuit-là, munie de ma petite couverture bleue, je rejoignis Eddie et Freddie dans une chambre et dormis par terre, à côté de leur matelas. Il m'arrivait aussi de passer la nuit dans la chambre de mes parents, et parfois même sur le canapé du salon, au rez-de-chaussée. Mes frères et Mikey bougeaient également un peu mais restaient généralement dans la même chambre. Pour je ne sais quelle raison, je déménageais plus que les autres, en particulier lorsqu'un nouvel arrivant s'installait dans la maison. C'était pour le moins chaotique.

Alors que j'étais encore très jeune se produisit un événement qui me changea pour toujours. Ayant eu soif au milieu de la nuit, je me levai de mon lit et trébuchai, dans le noir, sur un tas informe. Arrivée dans le salon, j'y vis ma mère endormie, encore habillée. J'entrai dans la cuisine, approchai une chaise de l'évier et grimpai dessus pour boire quelques gorgées d'eau au robinet. De retour dans ma chambre, je trouvai un homme de la famille assis sur mon lit.

— N'essaie pas de t'enfuir, me souffla-t-il à l'oreille.

Prise de panique, je poussai un cri. *Que fait-il sur mon lit ? Maman l'a-t-elle entendu ?*

— Fais ce que je te dis et je ne te ferai pas de mal, me dit-il.

Il plongea la main dans son caleçon… puis il plaqua l'autre sur ma tête et l'abaissa avec force. Je voulus hurler mais aucun son ne sortit de ma bouche.

— Si tu en parles à quelqu'un, je te tue, me menaça-t-il.

Effrayée comme jamais, je ne pus que faire de mon mieux pour ne pas pleurer trop fort. Quand ce fut terminé, je restai allongée sur mon lit, souillée et seule au monde.

Je ne l'ai jamais dit à ma mère, ayant toujours gardé en tête les menaces de mort proférées par mon tortionnaire. Dès lors, il commença à me harceler de mille façons. Au début, il ne me rejoignait que deux fois par semaine, puis, au fur et à mesure que je grandissais, ses agressions se firent presque quotidiennes. Quel que soit le lit dans lequel je dormais, il finissait toujours par m'y retrouver. J'étais si terrifiée que j'en arrivais à ne plus vouloir aller me coucher. Je restais parfois éveillée très tard, et essayais ensuite de me terrer dans un placard. S'il ne me trouvait pas, peut-être renoncerait-il à ses funestes projets. Hélas, mes espoirs ne se réalisaient que rarement.

*

* *

Dans la maison, c'était la folie tous les matins. Les rares fois où c'était possible, il nous arrivait de nous brosser les dents environ deux fois par semaine. J'avais l'impression persistante d'avoir l'intérieur de la bouche sale et collant.

— Viens par ici, Eddie, disais-je à mon frère, tout en tentant de glisser une brosse à dents dans sa bouche.

Tandis que je m'activais, Freddie, Mikey et une demi-douzaine d'autres petits cousins faisaient les fous dans toute la pièce. Nous étions souvent à court de savon ou de dentifrice ; quand j'en avais terminé avec Eddie, il n'était pas rare qu'il ne reste plus assez de dentifrice pour les autres.

Après m'être occupée des dents d'un des gamins, je donnais un bain à Mikey, qui était incapable de se laver tout seul.

— Merci, Miiicheeelle, disait-il, avec un grand sourire, après que je lui eus lavé les cheveux, l'eus séché et sorti de la baignoire.

Il avait du mal à prononcer certains mots, y compris mon prénom, mais c'était toujours le plus adorable.

S'il y avait de la nourriture dans la maison, nous prenions ensuite le petit déjeuner. Mes frères avalaient généralement des céréales Fruity Pebbles – les plus banales, mais ils en raffolaient.

— Fruity Pebbles ! Fruity Pebbles ! Fruity Pebbles ! scandaient parfois les jumeaux, le matin, en courant dans l'escalier, uniquement vêtus de leurs slips Superman.

Ils n'acceptaient d'avaler que des Fruity Pebbles, ou presque. Je n'en revenais pas de les voir faire les difficiles, alors que nous avions si peu à manger. Même à l'époque, je trouvais cette situation étrange. J'aurais aimé que mes parents disposent de davantage d'argent pour nous fournir les produits de base, mais ni l'un ni l'autre ne semblaient capables de conserver longtemps un emploi. Ma mère a été infirmière un temps, mais cela n'a pas duré. Je ne sais pas vraiment ce que faisaient mon père et les autres adultes de la maisonnée. Tout ce que je sais, c'est que nous n'avions pas assez d'argent pour vivre décemment.

Mon petit déjeuner était généralement constitué d'une Pop Tart [1]. Je me souciais peu de mon alimentation ; je cherchais à remplir mon estomac dans le seul but qu'il cesse de gargouiller. Nous ne goûtions que rarement des plats chauds. Notre cuisinière ne fonctionnant plus, je tentai un jour de réchauffer une boîte de raviolis en la plaquant contre un radiateur, bien décidée à offrir enfin un repas chaud à mes frères et cousins. Mais ce fut un échec. J'ai tout de même réussi à réchauffer des hot dogs sur ce radiateur.

— Par ici, tout le monde, lançai-je ce jour-là, tâchant d'installer mes petits gars autour de moi. Asseyez-vous par terre et mangez.

Je les alignai sur la moquette crasseuse et leur tendis un par un les hot dogs à peine chauds. Hot dogs sans petits pains, nouilles chinoises, céréales, spaghettis en boîte, raviolis… voilà ce qui composait

1. Sorte de biscotte fourrée que l'on peut réchauffer dans un grille-pain *(N.d.T.)*.

tous nos menus, la plupart de ces plats sortant d'une conserve ou d'un emballage carton.

Avant l'école, j'aidais toujours mes frères à s'habiller. Freddie bondissait partout dans la chambre en chantant, parfois accompagné d'Eddie, qui l'imitait souvent. Ils étaient parfaitement identiques mais ne portaient pas les mêmes vêtements. Trouver de quoi les habiller était déjà compliqué, alors inutile d'espérer les accorder. Chaque fois que j'entrais dans leur chambre attitrée, leurs vêtements étaient disséminés dans toute la pièce ! Slips, chaussettes, chemises : ils jetaient tout par terre. Et moi, je ramassais derrière eux.

Quand tout cela était fait, ils partaient pour leur école – ils ne fréquentaient pas le même établissement que moi. Je coiffais ensuite mes cheveux bruns, qui m'arrivaient alors aux épaules, le regard de biais à travers les verres en cul de bouteille de mes lunettes (aussi loin que remontent mes souvenirs, j'ai toujours eu une mauvaise vue), puis j'allais prendre le bus.

La moitié du temps, je n'allais pas à l'école. Je manquais invariablement un ou deux jours par semaine. Le premier établissement dont je me souvienne est l'école Mary-Bethune, à laquelle j'ai dû être inscrite en CE1 ou CE2, me semble-t-il. Ma mère venait souvent me chercher en classe, prétextant un rendez-vous chez le médecin, le dentiste, un décès dans la famille ou un mariage. Je devais ensuite rattraper mon gigantesque retard. Je détestais être ainsi à la traîne. J'avais le sentiment d'être privée d'école beaucoup plus souvent que mes frères, alors que je rêvais d'aller en classe… et d'être aussi normale que tous les autres enfants.

Je me sentais idiote quand j'étais obligée de demander à mes camarades quels devoirs on nous avait donné à faire la semaine précédente. Si on me les transmettait, je les notais et tâchais ensuite de les faire chez moi. C'est parce que je manquais tant d'heures de cours que j'avais tellement horreur des devoirs à la maison. Sans surprise, j'ai donc fini par redoubler quelques classes. Alors que j'allais avoir treize ans, j'étais péniblement parvenue en CM2 ! J'étais toujours la plus âgée de la classe, et ça craignait.

Certains professeurs se sont inquiétés de mes résultats catastrophiques ; deux d'entre eux ont même tenté de m'aider à combler mon retard en me gardant un peu après les cours. Mais c'était mission impossible, vu que je n'étais présente que deux ou trois jours par semaine. Pourquoi faire des efforts pour se retrouver de nouveau à la traîne peu de temps après ?

Consciente de mes difficultés, une enseignante me demanda un jour si tout allait bien à la maison. Je pris une seconde pour réfléchir, puis je répondis par l'affirmative. Si gentille fût-elle, je ne pouvais pas lui révéler la vérité quant à ce que j'endurais.

Je n'avais pas d'amis. Vraiment *aucun*. Un jour, en CM1, je m'approchai d'une fille à la cantine et me présentai.

— Bonjour, je m'appelle Michelle, dis-je en lui tendant la main.

Elle s'écarta aussitôt et s'écria :

— Beurk ! Tu pues de la bouche !

J'en fus terriblement humiliée. Ce fiasco m'empêcha par la suite de parler à d'autres enfants et me contraignit à me tapir au fond de la classe. Quand la maîtresse me posait une question, je ne répondais pas.

— Quelle est la capitale de l'Ohio, Michelle ? me demanda-t-elle un jour.

Je connaissais la réponse mais je ne voulais pas la donner à haute voix, car j'avais des difficultés à prononcer certains mots.

— Colum... euh, non, Columbus, répondis-je tout de même.

Toute la classe rigola. J'aurais voulu hurler que je n'étais pas une attardée mentale, mais cela n'aurait rien changé ; mes camarades me trouvaient déjà longue à la détente.

— Ce n'est pas bien de se moquer des autres, dit la maîtresse, incitant ses élèves à faire preuve de gentillesse à mon égard.

Je lui inspirais de la pitié, c'était évident. Comme d'autres enseignants, elle invitait les enfants à se lier avec moi.

— Et si tu t'asseyais avec Michelle, pour lire avec elle sur son livre ? proposa-t-elle un jour à une camarade.

— Ah non, beurk ! Elle sent bizarre, répondit la fillette.

La maîtresse la réprimanda et la fit tout de même asseoir à côté de moi. Mais dès qu'elle avait le dos tourné, ma voisine se pinçait le nez, ce qui faisait glousser les autres gamins. Quant à moi, je me sentais plus bas que terre.

À partir de ce moment-là, lorsque aucun adulte n'était dans les parages, les autres enfants ne manquaient pas une occasion de se moquer de moi.

— Quelle crétine ! braillaient-ils dans les couloirs. Pue-du-cul !

— Tu n'es qu'une affreuse attardée, me lança un garçon, en cours de maths. Si tu veux qu'un mec t'aime un jour, mets-toi donc un sac sur la tête.

Je faisais comme si cela ne m'atteignait pas. Mais ces paroles me blessaient profondément. Mon allure me faisait horreur, avec mes cheveux sales et mes vêtements d'occasion. Et j'empestais pas mal, en effet. Par ailleurs, mes résultats étaient lamentables dans presque toutes les matières : j'étais abonnée aux D et aux F.

La vie des autres enfants semblait nettement plus enviable que la mienne, ne serait-ce que parce qu'ils portaient des vêtements neufs. Certains n'étaient pas issus de familles bien riches, cependant, la mienne battait tous les records.

Si bon nombre des adultes du voisinage percevaient des prestations sociales, certains allaient tout de même travailler. J'apercevais fréquemment des groupes d'infirmières et de serveuses à l'arrêt de bus. Comme mes parents ne nous permettaient pas de nous rendre chez d'autres enfants, je ne sais pas avec certitude quel emploi occupait telle ou telle mère. À mon sens, beaucoup de monde dans le quartier vendait de la drogue, mais au moins leurs gamins avaient assez à manger et portaient des vêtements corrects ! Je ne possédais quant à moi que deux ou trois tenues, et croyez-moi, vous n'auriez reconnu aucune marque. Je portais des chemises datant des années 1960 et provenant de bonnes œuvres.

Il arriva à deux reprises qu'on se montre gentil avec moi. Un jour, une fille m'offrit de l'argent, que je refusai.

— Merci, mais ça ira, lui répondis-je.

Accepter ce don ne me paraissait pas honnête. Par ailleurs, elle n'avait pas agi ainsi parce qu'elle souhaitait sincèrement être mon amie ; je lui avais juste fait pitié. En effet, un peu plus tard, elle me tourna purement et simplement le dos quand je lui dis bonjour.

Il y avait également une autre élève peu fortunée, dont l'odeur n'avait rien d'engageant. Nous étions au même niveau ; elle ne parlait à personne car les autres ne l'approchaient pas. Un jour, j'apportai du déodorant à l'école.

— Tiens, va donc t'en asperger un peu, lui dis-je.

Elle s'en saisit et me remercia.

Le seul cours qui me plaisait était le dessin, et la professeure, la seule à s'intéresser à moi.

— Tu es douée, me dit un jour cette enseignante, en examinant une de mes œuvres.

En classe, je dessinais tout ce dont je rêvais. D'immenses maisons, dans lesquelles je m'imaginais habiter, des familles en train de dîner autour d'une table, des enfants au parc, avec leurs parents, sous un ciel bleu. Ainsi que de superbes papillons. Je dessinais tout ce qui pouvait me faire oublier ce qui se passait à la maison.

Pour je ne sais quelle raison, j'adorais également dessiner des loups, les plus beaux animaux qui soient, selon moi. En CM1, j'en ai dessiné une meute sur chaque page d'un de mes cahiers à spirale. À la maison, même si je ne cessais de déménager d'une pièce à l'autre, je ne me séparais jamais de mes cahiers ni de mes crayons, mes seules et uniques possessions.

J'adorais la musique. Lors des assemblées de l'école, tous les élèves se levaient et chantaient l'hymne afro-américain. « Que chaque voix, chaque chant s'élève jusqu'à ce que terre et ciel ne fassent qu'un, tous en harmonie. Que notre joie s'élève jusqu'aux cieux qui nous écoutent, qu'elle résonne sur les vagues. » Cette chanson m'a toujours donné des frissons ! Parfois, la nuit, quand mon tortionnaire était juché sur moi, je fredonnais cet air dans ma tête, afin d'oublier ce que j'étais en train de subir.

À la maison, j'écoutais sans arrêt la radio, principalement du R&B. J'adorais Mariah Carey, Jay-Z et Nas. J'étais fan de ce genre de musique. Il m'arrivait de m'asseoir dans un coin et de dessiner, pendant que mes cousins dormaient dans une autre pièce. S'il n'y avait personne dans les parages, je me mettais même à danser. En dehors du dessin, la danse était la seule activité pour laquelle j'étais douée.

Malgré mes échecs scolaires, j'aimais lire et écrire, avec une prédilection pour les récits d'épouvante. Je dévorais les romans de Stephen King. Je n'avais pas peur mais raffolais des frissons et des autres sensations qu'ils suscitaient. Encore aujourd'hui, je suis une grande adepte des romans et films d'horreur. Un soir, en CM2, je suis restée de 18 heures au petit matin à rédiger une fiche de lecture sur un livre qui m'avait plu. Le résultat me procura une grande fierté, sans compter que, pour une fois, j'avais bien fait mes devoirs.

Quand je séchais l'école, c'était afin de m'occuper de mes cousins, pour la plupart beaucoup plus jeunes que moi. Bien que présents, mes parents se déchargeaient de cette responsabilité. Mes cousins étaient très nombreux à la maison : Danielle, Christopher, April, Ricky, Eugena, et tant d'autres.

Un jour, deux bébés – surnommés Kiki et Rah Rah par mon père – vinrent s'ajouter à la troupe. À seulement un et trois ans, la peau couleur caramel et les cheveux afro, ils étaient, d'après ce que je compris, la fille et le fils de membres de la famille incapables de s'en occuper. Alors que personne ne m'en avait informée, je dus consacrer énormément de temps à ces bambins. Tous les jours, je peignais les boucles noires de Kiki et tressais la tête de Rah Rah.

— Ba-ba ! Ba-ba ! Ba-ba ! s'écriait Kiki lorsqu'elle voulait que je remplisse sa bouteille de lait.

Tandis que Rah Rah jouait par terre avec un petit camion, j'installais Kiki sur mes genoux et la laissais téter la fameuse bouteille. Ils étaient si mignons... même si je devais tout le temps changer leurs couches puantes.

Je passais de bons moments avec mes frères et mes cousins. Le jour de la fête des Mères, nous avons fait une farce à maman. Nous avons déniché une grosse pierre, que nous avons entourée de ficelle pour la faire ressembler à un rat poilu, puis nous l'avons cachée sous son oreiller.

— Qui a mis ce truc là ? s'écria-t-elle à son réveil, tandis que nous nous tordions de rire.

Pas un de nous n'a avoué le crime, mais je suis à peu près certaine qu'elle a deviné l'identité des coupables.

Eddie, Freddie et moi regardions parfois la télévision ensemble. Nous étions fans de la série *Kenan et Kel*. Kel était un ado qui disait tout le temps : « Qui adore le soda à l'orange ? Kel adore le soda à l'orange ! C'est vrai ? Hmm... J'en suis fou, j'en suis fou, j'en suis fouuu ! » Nous pleurions de rire chaque fois que nous entendions ça.

Parmi tous mes cousins, c'est avec April, qui était âgée de trois ou quatre ans de plus que moi, que je m'entendais le mieux. Ça collait tout simplement bien entre nous. Comme elle travaillait à temps partiel, elle avait de l'argent pour s'offrir des vêtements. Sachant que je n'en possédais que très peu, elle m'en prêtait de temps à autre. Un jour, elle me laissa même porter son super pantalon léopard :

— Tiens, essaie ça, ça t'ira bien.

April me sortait ; mes parents m'autorisaient à prendre un sandwich chez Arby's avec elle, car ce n'était pas loin de la maison.

— Commande ce que tu veux, me disait-elle, sortant quelques dollars de la poche arrière de son jean.

Je choisissais généralement les frites, excellentes, surtout recouvertes de sauce piquante. April était très cool, avant tout parce qu'elle me sortait de la maison.

L'été de mes onze ans, elle me proposa d'aller à la patinoire, qui ne se trouvait qu'à un quart d'heure à pied :

— On a toutes les deux besoin de prendre l'air et de s'amuser !

J'acquiesçai, ravie. Mes parents commencèrent par refuser, car ils n'avaient pas d'argent à me donner, mais April déclara qu'elle m'offrait cette virée.

J'enfilai un short en jean et un débardeur blanc. Une fois sur place, April régla nos entrées, cinq dollars chacune, puis je chaussai des patins minuscules. Enfin, je m'élançai. Je dus chuter une bonne demi-douzaine de fois sur les fesses.

— Tu te débrouilles bien ! m'encourageait April. Continue !

En fin de soirée, un gamin obèse me tomba dessus.

— Allez, debout ! me cria April, qui tentait sans succès de ne pas rire.

Quand, enfin, je me relevai tant bien que mal, j'éclatai de rire à mon tour. Sur le chemin du retour, nous n'avons pas cessé de rigoler. Ce fut l'une des rares occasions où je me sentis comme une gamine ordinaire. Rien que parce qu'elle me permettait de sortir avec elle et d'oublier ce qui se passait dans ma vie, j'adorais April.

*
* *

J'ai eu mes premières règles alors que je venais d'avoir onze ans. Le truc, c'est que je ne m'en suis pas rendu compte, puisque je saignais déjà depuis l'âge de cinq ans. À cette époque, le traitement que je subissais commença à empirer. À sérieusement empirer. Cela pouvait se produire n'importe où, au sous-sol ou dans n'importe quel lit de la maison, par exemple. Quand c'était terminé, je restais prostrée un moment, me balançant mécaniquement d'avant en arrière. Au bout d'un moment, je me levais et me rendais dans la salle de bains, où je restais assise sur la cuvette des toilettes pendant que le sang coulait. Je ne sais plus ce que je disais à Dieu mais je Lui adressais de courtes prières. Il fallait tenter le coup, au cas où il existait vraiment quelqu'un là-haut. Mais si tel était le cas, je ne comprenais pas pourquoi Il n'empêchait pas mon bourreau d'agir. La plupart du temps, j'étais si triste que je finis par m'habituer à ressentir cela.

Lorsque j'eus quinze ans – à l'époque, nous vivions dans une maison jaune canari à Tremont –, cette situation devint insupportable. Je voulais faire quelque chose – *n'importe quoi* – pour faire cesser ces abus, malheureusement, avec mes trente-cinq kilos, je n'étais pas assez forte pour résister physiquement.

Alors, un soir, un peu avant Thanksgiving, je glissai deux comprimés de somnifère dans le verre de l'homme qui abusait de moi. Je fis ensuite semblant de dormir, tandis qu'il avalait son bourbon en regardant un film porno. Je priai de toutes mes forces pour qu'il me laisse tranquille cette nuit-là, et je fus exaucée. La télévision braillait. Le film terminé, l'écran devint tout bleu. Le voyant approcher du lit, je me tapis sous le drap et attendis. Un long moment.

Vers minuit, il ronflait. Aussi silencieusement que possible, je me levai et, dans un coin sombre de la chambre, ôtai ma chemise de nuit pour mettre mon jean noir préféré et mon tee-shirt floqué d'un loup, dont j'avais coupé les manches afin de montrer mes épaules. Il émit un bruit au moment où j'enfilai le tee-shirt. Je me figeai et retins mon souffle.

Il se remit à ronfler quelques secondes plus tard. *C'était juste !* Je récupérai en vitesse mes chaussettes et mes baskets bleues. Je me glissai ensuite sur la pointe des pieds dans la chambre où Freddie et Eddie dormaient. J'avais planqué mon sac à dos violet dans leur placard un peu plus tôt, ce jour-là. Après m'être assurée que mes frères étaient endormis, j'attrapai mon sac. Il était lourd car j'y avais fourré tous mes vêtements, deux chemises appartenant à mes parents et une couverture en polaire. J'y avais aussi glissé quelques crayons pris en cours de dessin, un petit taille-crayon et quatre cahiers à spirale. Je n'avais pas de manteau.

J'avais déjà prévu comment sortir. Le sac sur le dos, je me rendis dans la salle de bains du rez-de-chaussée, car du monde dormait dans le salon. J'aperçus le jardin par la fenêtre, que je tentai d'ouvrir en faisant appel à toutes mes forces. Après avoir résisté en émettant quelques craquements, elle finit enfin par s'ouvrir.

Debout sur la cuvette des toilettes, je lançai un regard à l'extérieur. *Je n'arrive pas à croire que je suis en train de faire ça*, me dis-je. J'étais si nerveuse que je redoutais de me casser la figure. *Est-ce qu'on m'entend ?* Je retenais ma respiration, de peur de réveiller quelqu'un qui me retiendrait. Une jambe après l'autre, je me faufilai par l'ouverture. Puis je sautai dans l'herbe.

Je ne fermai pas la fenêtre. Je ne jetai pas le moindre regard derrière moi. Je ne me demandai même pas si quelqu'un m'avait vue m'enfuir. J'avais déjà la sensation que ma famille s'en fichait éperdument. S'ils devaient tenter de me retrouver et de me faire rentrer à la maison, ce ne serait, de toute façon, que pour que je m'occupe de tous les gamins.

Dans l'obscurité, je descendis notre rue et m'engageai dans une ruelle, sans savoir où j'allais ni ce que j'allais faire. Pour tout dire, je n'avais absolument rien prévu. Ma seule certitude était que je devais fuir cette maison. Fuir cet homme. Fuir cette vie. L'air glacé me frappait comme mille lames. Mais ce dans quoi j'étais sur le point de plonger serait sacrément plus dur.

3

Sous le pont

— Que fais-tu dehors sans manteau, ma petite fille ? me demanda un grand Noir, depuis le parvis d'une église baptiste dans le centre-ville de Cleveland, alors que le soleil pointait.

Sur le trottoir, à quelques mètres de distance, je levai la tête vers lui. Il avait une coiffure triangulaire et portait une épaisse moustache. Il me fit un grand sourire et désigna la porte de l'église.

— Tu devrais entrer et manger quelque chose avec nous, dit-il.

Les mains raidies de froid, je m'approchai de lui. À l'intérieur se trouvait un escalier qui menait à une salle à manger. Je rejoignis une douzaine de sans-abri qui faisaient déjà la queue. Voilà comment débuta ma journée de Thanksgiving. *Je vais enfin avaler quelque chose !* songeai-je.

Cela faisait une semaine entière que je dormais dans la rue. Après avoir quitté la maison, cette fameuse nuit, j'avais marché deux heures, déterminée à m'éloigner autant que possible, afin de ne pas tomber sur des voisins ou des amis de mes parents. Je finis par me retrouver dans un petit parc, où je trouvai une pile de journaux abandonnés sur un banc. Je les étalai sous le banc et m'allongeai dessus comme sur un lit, me servant de mon sac comme oreiller. J'étais épuisée, mais il est difficile de s'endormir quand on n'a pas de foyer. On redoute à chaque instant qu'un inconnu surgisse par-derrière, dans la nuit, pour vous dévaliser ou vous frapper. Je me suis assoupie une ou deux fois, cette nuit-là, ouvrant instantanément les yeux chaque fois qu'une voiture passait ou qu'un rat fouillait dans une poubelle.

Une fois le soleil levé, je marchai ici ou là, toute la journée, la tête baissée et tâchant de ne croiser le regard de personne, peu désireuse qu'une vieille dame m'intercepte et prévienne la police en croyant que j'avais huit ans ! C'est le problème, quand on est petite : les gens vous prennent toujours pour une enfant, quel que soit votre âge. Malgré mes quinze ans, je faisais encore vraiment gamine, à ce détail près que je n'avais pas de foyer où rentrer.

Tout en marchant, je réfléchis à la façon de m'en sortir dans la rue. Pour survivre, il fallait que je trouve certaines choses. Un jour d'errance, j'aperçus une batte de base-ball abandonnée dans un jardin. Sans hésiter un instant, je m'en emparai. Ce soir-là, je retournai au parc et dormis avec la batte serrée dans les mains. C'était ma nouvelle arme. *Si quelqu'un me cherche des crosses, il va dérouiller !*

Après trois autres nuits passées sous le banc, où je gelais sur place, je compris qu'il fallait que je trouve un abri où j'aurais plus chaud. Afin de lutter contre le froid, je portai tous les vêtements que j'avais mis dans mon sac et m'enveloppai dans la couverture polaire. Ces épaisseurs se révélèrent très vite insuffisantes. Par ailleurs, dormir seule dans ce parc me terrifiait. Agrippant la batte à deux mains, je me mis donc à arpenter les rues, à la recherche d'un endroit où m'installer. C'est ainsi que je découvris le pont.

Ce n'était pas vraiment un pont, à vrai dire, mais plutôt une portion d'autoroute aérienne. Il me fallut descendre un talus pour pouvoir me glisser en dessous. Une fois parvenue là, je compris immédiatement que c'était exactement ce que je cherchais. Ce coin était tranquille, sans flics ni autres sans-abri. Le pont tremblait chaque fois qu'une voiture passait sur l'autoroute, au-dessus de moi. *Encore mieux*, me dis-je, estimant que le vacarme des moteurs couvrirait d'éventuels bruits de ma part.

Un peu plus tard, cet après-midi-là, j'installai mon sac et ma batte sur une surface en brique, sous le pont, et m'endormis. Cinq heures d'affilée. Oui, c'est dangereux, pour une fille, de dormir sous un pont, mais c'est mille fois plus sûr que sous le banc d'un parc ! En outre, quand vous avez partagé votre lit avec un cinglé, le sentiment de sécurité reste un concept plutôt abstrait. Si j'espérais être désormais en dehors de la ville, je savais que ce pont n'était pas si éloigné que ça de la maison où habitaient mes parents. Il me semblait en effet que mon père nous avait déjà conduits par ici précédemment. Je priais donc simplement pour être assez loin de ma famille afin qu'on ne me retrouve pas.

Dès mon réveil, cette nuit-là, j'inspectai le voisinage immédiat, en quête d'autres objets susceptibles de m'aider à me protéger. Dans un jardin, j'aperçus une énorme poubelle bleue en plastique, avec un couvercle. *Super !* L'intérieur de la maison étant plongé dans l'obscurité, je saisis ma chance, supposant que ses occupants s'étaient absentés. Je renversai la poubelle pour la vider, puis je la traînai à travers le jardin et sur le trottoir. Comme elle était presque aussi haute que moi, ce ne fut pas sans difficulté. Je dus prendre garde de ne pas faire de bruit, afin d'éviter de réveiller tout le quartier. Enfin, je retrouvai le talus. Je laissai la poubelle rouler jusqu'en bas, puis, quand elle se fut immobilisée, je la rejoignis.

Au petit matin, j'avais transformé cette poubelle en chambre. Je l'avais calée sur le côté, de façon à pouvoir m'y glisser. Je me couvris de la polaire, ne laissant que mes pieds dépasser à l'extérieur. Même s'il était moins mordant, le froid restait bien présent. Je claquais des dents et mon estomac grondait. Je me demandais ce que devenaient Eddie et Freddie, que j'avais abandonnés dans la dernière maison où nous avions emménagé. *Qui prend soin d'eux ? Qui s'assure que Mikey se lave, qu'il se nourrit ?*

Pour m'occuper l'esprit, je sortis un cahier et un crayon de mon sac. Maintenant le cahier à hauteur du visage, dans l'obscurité la plus totale, je dessinai un papillon, un de mes motifs préférés. C'était en tout cas mon projet. Quand je posai les yeux sur la feuille, le lendemain matin, ce que je découvris n'avait pas grand-chose d'un papillon. On aurait dit le gribouillage d'un enfant de deux ans.

Quand arriva Thanksgiving, j'étais affamée. En dehors d'un sandwich à la dinde chipé deux jours auparavant dans une épicerie et du peu de nourriture trouvée ici ou là, je n'avais rien avalé. Pour être honnête, j'avais presque oublié que c'était Thanksgiving ; on perd facilement la notion du temps quand on est sans abri. Ce n'est pas comme si on avait un calendrier sous le nez, sans compter que je ne possédais pas de montre. Quoi qu'il en soit, ce matin-là, mes errances me conduisirent devant l'église baptiste, d'où émanait par la porte ouverte une délicieuse odeur de cuisine, première raison qui me fit m'arrêter.

— Comment t'appelles-tu, ma petite ? me demanda le grand Noir, après m'avoir suivie dans la salle à manger de l'église, au sous-sol.

— Michelle, répondis-je, sans le regarder dans les yeux, tant j'étais gênée de sentir si mauvais.

Je ne m'étais pas lavée depuis mon départ de la maison, sept jours auparavant, et mes cheveux longs jusqu'aux épaules étaient emmêlés d'un côté et tout raides de l'autre. Mon tee-shirt noir était couvert de peluches et de pellicules.

— Tu sais quoi ? dit-il. J'ai peut-être un manteau qui t'irait. Ça te plairait d'y jeter un coup d'œil, quand tu auras déjeuné ?

— Merci, dis-je, levant une seconde la tête vers lui.

L'espace d'un instant, je me demandai pourquoi il était si gentil avec moi, avant de comprendre que c'était simplement un homme d'Église bienveillant.

Je m'empiffrai au buffet couvert de nourriture typique du Sud. Le poulet frit croustillant était si bon qu'il fondait presque sur ma langue. J'attaquai ensuite la purée, avec de la farce et de la sauce aux canneberges. Je crus être morte et avoir atteint le paradis quand je goûtai aux macaronis au fromage, au chou et au maïs. Et les biscuits au babeurre ! J'ai dû en gober cinq ou six. Curieusement, il n'y avait pas de dinde, mais je m'en fichais. J'engloutis tant de choses que je dus défaire le premier bouton de mon jean. Aussitôt après avoir vidé ma première assiette, j'en remplis une deuxième. Puis une troisième. Je ne voulais pas passer pour une goinfre mais je ne savais pas quand aurait lieu mon prochain repas. D'autant que tout était délicieux ; j'avais l'impression de déguster les mets les plus succulents de ma vie.

Alors que j'enfournais dans ma bouche un biscuit au babeurre, l'homme à la coiffure en triangle s'approcha de moi.

— On me dit souvent que je ressemble à Arsenio Hall [1], à cause de ma coupe de cheveux, plaisanta-t-il. Qu'en penses-tu ?

Je souris et hochai la tête, puis mordis de nouveau dans mon biscuit.

— Vas-y doucement, ma petite, reprit-il. Tu risques d'avoir mal au ventre si tu manges trop vite !

La bouche pleine, j'émis une sorte de rire.

Quand j'eus fini de manger, Arsenio tint sa promesse ; il se dirigea vers un compartiment rempli de vêtements usagés et en sortit un manteau rembourré orange pourvu d'une capuche. Il était trop grand pour moi d'au moins trois tailles et tombait sous mes genoux mais, quand mon bienfaiteur me l'offrit, j'eus l'impression qu'il me remettait un chèque d'un million de dollars. Quelle joie de regagner le pont avec une couche supplémentaire et l'estomac rempli. Ainsi qu'un mince espoir : l'existence de Dieu n'était peut-être pas qu'un tissu de mensonges.

Ce jour-là, les bénévoles de l'église nous offrirent un autre cadeau : un sac contenant des objets provenant d'œuvres de charité locales. J'y trouvai un peigne, une petite bouteille de shampooing, une brosse à dents et un minitube de dentifrice. Avez-vous idée de l'effet que ça fait de ne pas se brosser les dents pendant des jours et des jours ? J'avais la sensation d'avoir l'intérieur de la bouche enduit de beurre. C'était répugnant. Je rapportai

1. Humoriste et acteur afro-américain qui anima un talk-show au début des années 1990 *(N.d.T.)*.

le sac à ma poubelle et le glissai tout au fond, afin de m'assurer que personne ne me dérobe mes nouveaux biens.

Ce soir-là, lors du dîner de Thanksgiving, un des bénévoles avait annoncé que l'église servait un repas chaque jour de la semaine aux alentours de 17 heures. *Super*. C'est avant tout pour cela que j'y retournai le lendemain soir. Et le jour suivant. Puis celui d'après. Pour tout dire, Arsenio et ses collègues me voyaient presque tous les jours accourir afin d'arriver à temps pour le dîner (comme je l'ai précisé, je n'avais pas de montre !).

Je pris même l'habitude de me rendre à l'église le dimanche matin. On n'y servait pas de nourriture mais il y avait de la musique. Splendide. Je restais debout dans le fond quand le chœur chantait *Angel of Mine*. Jamais je n'avais entendu quoi que ce soit d'approchant. Ces voix qui s'unissaient autour de la mélodie élevaient mon âme. Pour quelques minutes, j'oubliais ma situation désespérée. Un mélange de chaleur et de bonheur m'inondait chaque fois que ces gens vêtus de robes se mettaient à chanter et à danser. Je me sentais alors apaisée, calmée, et même grandie. Les fidèles assis sur les bancs se retournaient et me lançaient des sourires avant d'en échanger entre eux. En ces instants, je me sentais liée à chaque personne présente dans l'église. *Si le paradis existe, son chœur doit ressembler à celui-ci*, me disais-je.

— Viens par ici, jeune fille ! me proposèrent un matin deux vieilles dames qui m'avaient vue rester debout dans le fond.

Malgré leurs sourires emplis de bonté, je préférai dans un premier temps ne pas m'asseoir à côté de n'importe qui. Deux semaines plus tard, j'osai m'installer sur le dernier banc pour assister à la messe. De là, j'estimais que la plupart des gens ne pouvaient pas sentir mon odeur. À partir de ce jour, je pris l'habitude de me laver un peu avant la messe dans les toilettes de l'église.

Comment prendre un « bain » dans les toilettes d'une église ? Je vais vous expliquer. Premièrement, fermer la porte à clé. Ensuite, préparer une pile de serviettes en papier. Si l'on est aussi petit que moi, il faut vider la poubelle et la poser à l'envers devant le lavabo pour grimper dessus. Ouvrir le robinet et se passer la tête sous l'eau afin de la rincer au mieux. Durant toute l'opération, prier pour que personne ne frappe à la porte ni ne demande pourquoi l'on prend tant de temps.

Se sécher le visage en vitesse avec les serviettes en papier, puis en humidifier d'autres, pour nettoyer au mieux les endroits du corps qui empestent le plus. Quand c'est chose faite, redresser la poubelle et y remettre les détritus. En sortant, ne pas oublier de prendre d'autres serviettes en papier, que l'on glissera dans son pantalon à une certaine période du mois. Les cheveux encore un peu mouillés, regagner discrètement l'église, en espérant que la prochaine chanson interprétée par le chœur sera *Angel of Mine*.

J'aurais pu me laver dans les toilettes d'un McDonald's, mais cela me paraissait trop risqué. Il me semblait que j'avais moins de chances d'être chassée si on me surprenait à l'église. Les gens qui fréquentent les églises ne sont généralement pas cruels à ce point. Certaines dames ont sans doute deviné ce que je faisais dans les toilettes, heureusement, elles ne m'ont jamais dénoncée. J'étais donc en mesure de me laver plus ou moins tous les week-ends dans les toilettes de l'église, où je dégustais des montagnes de poulet frit délicieux et profitais de la plus belle musique que j'aie jamais entendue de ma vie.

*
* *

Mon plan pour être tranquille fonctionnait bien : personne ne venait jamais m'embêter sous le pont. Mais, une nuit, cela changea.

— Tu as besoin d'argent, on dirait, dit une voix masculine, alors que minuit était passé depuis un bon moment.

Dans ma poubelle, j'ouvris les yeux d'un coup. J'attrapai ma batte et sortis la tête de mon refuge, prête à bondir et à frapper un éventuel agresseur. J'aperçus un type. D'après ce que je distinguais dans l'obscurité, c'était un métis noir latino. Il portait une veste en cuir noire, un jean large et des baskets, et mesurait environ un mètre quatre-vingts.

— Du calme ! dit-il, en me voyant cramponnée à ma batte de base-ball. Je ne vais pas te faire de mal.

Je le dévisageai sans un mot.

— Quel âge as-tu ?

— Quinze ans, dis-je, sans savoir pourquoi je lui répondais. Qu'est-ce que ça peut te faire ?

Sous le clair de lune, il était doté du sourire le plus blanc que j'aie jamais vu.

— Au fait, je m'appelle Sniper, dit-il. J'ai peut-être du boulot pour toi, mais il fallait que je sache ton âge.

Dans mon esprit, un sans-abri ne pouvait se voir offrir que deux types d'emploi : dans la prostitution ou dans le trafic de drogue.

— Inutile de te demander d'où tu tiens ce nom, dis-je. Tu dois passer tes journées à descendre des gens, non ?

— T'es une marrante, toi ! s'esclaffa-t-il.

Je ne voyais pas ce qu'il y avait de « marrant » – surtout dans cette situation, où un inconnu était planté devant ma poubelle. J'hésitais entre bondir hors de ma poubelle et prendre mes jambes à mon cou, ou rester tapie à l'intérieur en espérant qu'il finisse par s'en aller. Comme son comportement n'avait rien d'agressif, je décidai de rester encore une minute.

— Je vends de l'herbe et de l'ecsta, précisa-t-il. Et je cherche un coursier.

Je ne suis pas certaine de vouloir tremper dans ce genre de truc, songeai-je. *Ça pourrait devenir flippant.* Mais j'étais fauchée et je mourais de faim et de froid. J'avais désespérément besoin d'argent. *Je pourrais peut-être le faire un temps, jusqu'à amasser assez d'argent pour aménager un peu mon espace.*

— Viens donc avec moi, et on en parlera, me proposa-t-il.

Je rampai hors de la poubelle et me levai en titubant, les jambes engourdies par la position dans laquelle j'avais dormi. Je fourrai mes affaires dans mon sac à dos, nouai la polaire autour de ma taille et me tournai vers Sniper.

— Comment t'appelles-tu ? me demanda-t-il, en me considérant avec de grands yeux de la tête aux pieds, comme le font généralement les gens quand ils se demandent si je suis une naine.

— Michelle.

— Suis-moi.

Je ne sais pas vraiment pourquoi je lui ai fait confiance ; j'avais simplement la conviction, au fond de moi, qu'il ne me ferait pas de mal. Vous devez vous dire que j'aurais dû être terrifiée. Avec le recul, c'est également mon impression aujourd'hui, mais j'étais désespérée ; j'en avais assez de dormir dans une poubelle et de ne jamais manger à ma faim. Je le suivis donc jusqu'au sommet du talus.

De l'autre côté du pont autoroutier, il me guida jusqu'à sa voiture, dont les vitres étaient teintées, preuve que j'avais bel et bien affaire à un dealer. Il ouvrit la portière arrière et me fit signe de grimper, ce que je fis.

— J'ai un deal prévu cette nuit, dit-il. Je veux que tu restes à l'arrière sans dire un mot, d'accord ? (Je hochai la tête.) Inutile de te faire remarquer. Ensuite, je t'emmènerai chez moi.

Il ferma la portière et s'installa au volant. L'éclairage intérieur de la voiture me permit de lui donner environ dix-huit ans.

Sniper roula une demi-heure avant de s'arrêter à un stop. Il sortit de la voiture et commença à discuter avec quelques types, en espagnol et très vite ; je ne compris pas un mot. Il ouvrit le coffre et remit un gros paquet à l'un de ses comparses. *Sans doute de l'herbe*, me dis-je. Vingt minutes plus tard, il revint s'asseoir au volant et me jeta un coup d'œil par-dessus son épaule.

— Tout va bien, derrière ? me lança-t-il.

Je hochai la tête.

— Filons d'ici.

Après un trajet relativement long, Sniper s'engagea dans une allée. Nous sortîmes de la voiture, puis il me mena à sa maison, dont il déverrouilla la porte d'entrée. Je me figeai quelques instants. *Ce mec est un inconnu. Que va-t-il se passer là-dedans ?* Je finis par décider de prendre le risque, estimant que rien ne pouvait être pire que ce que j'avais enduré au cours des quinze premières années de ma vie. J'entrai donc dans la maison.

— Bienvenue chez moi, dit-il.

Le salon venait d'être refait à neuf et comprenait une fontaine à eau et un aquarium. Les murs étaient d'un blanc aveuglant et il régnait encore une odeur de peinture.

— Montons à l'étage, proposa Sniper. Je vais te montrer ma chambre, où tu vas t'installer. Je dormirai sur le canapé. (Parvenu en haut de l'escalier, il désigna une porte, sur la droite.) Roderick, un gamin comme toi, occupe l'autre chambre. C'est un coursier lui aussi. Je te le présenterai plus tard.

Si je ne savais pas vraiment en quoi consistait l'activité de coursier, je compris immédiatement que j'allais en tirer au moins un avantage : un endroit où dormir au chaud.

La chambre de Sniper était aussi impeccable que le reste de la maison. Son lit était couvert d'une couette à motifs zébrés et de draps blancs soyeux. Au plafond, à la verticale du lit, était fixé un immense miroir, dont je devinai facilement l'usage. La salle de bains attenante était pourvue d'une grande baignoire ronde et d'un rideau de douche noir et rouge.

— Lave-toi, me dit Sniper, qui me tendit une serviette, un savon neuf et un pyjama de fille laissé ici par sa sœur, selon ses dires.

Avait-il déjà eu une coursière fille ? Si oui, qu'était-elle devenue ?

— As-tu besoin d'autre chose ? me demanda-t-il.

Le visage écarlate, je tendis le doigt vers mon entrejambe, ce qui me valut un regard bizarre.

— Oh, j'ai compris. Je reviens tout de suite.

Quelques minutes plus tard, je l'entendis démarrer. Il revint peu après avec une boîte de tampons ;

il avait sans doute fait un saut au drugstore ouvert vingt-quatre heures sur vingt-quatre.

Quand il m'eut laissée seule dans la chambre, je me débarrassai du jean et du tee-shirt au loup, aussi sales l'un que l'autre. Puis je passai à la salle de bains, où je fis couler de l'eau, m'installai dans la baignoire et restai une heure sous la douche. La crasse s'accumule quand on n'a pas l'occasion de se laver correctement pendant des semaines. L'eau chaude qui ruisselait sur mon corps, avant d'être aspirée par la bonde, resta noire pendant au moins les vingt premières minutes.

— Tout va bien, là-dedans ? cria Sniper, depuis la chambre.

— Oui, ça va ; je suis juste dégueulasse.

— OK. Si tu as besoin de quoi que ce soit, je suis en bas.

Après avoir enfilé le pyjama à pois beaucoup trop grand pour moi, je me glissai sous la couette duveteuse. Le matelas était d'une douceur inouïe ; je n'avais pas dormi dans un lit depuis des semaines. *Je rêve ou quoi ? Je suis vraiment là où je crois que je suis ? Ce type va-t-il continuer à me traiter si gentiment, ou va-t-il m'agresser ?* J'étais si épuisée que, malgré ma nervosité, je me laissai aller et m'endormis aussitôt.

Le lendemain matin, je fus réveillée par une odeur de saucisses. J'entendis Sniper monter à l'étage, puis frapper à ma porte.

— Bonjour, Michelle, dit-il. Tu peux descendre prendre le petit déjeuner quand tu veux.

Dans la salle à manger, je découvris un garçon aux cheveux noirs assis à la table. Il avait la peau dorée et était d'une maigreur à faire peur. C'était sans doute Roderick.

Il m'adressa la parole mais je ne compris pas un mot, tant son accent arabe était prononcé.

— Il te demande comment tu t'appelles, gloussa Sniper.

— Michelle, dis-je à Roderick. Ravie de faire ta connaissance.

— Salut, Chapo, me répondit-il, et cette fois, je saisis ses mots.

— C'est comme ça qu'on va t'appeler, maintenant, intervint Sniper. Ça veut dire « petite » en espagnol.

Cela ne me dérangeait pas. En fait, ce surnom m'est resté.

Pendant que nous avalions notre petit déjeuner, Roderick me raconta brièvement son histoire. Il me fallut lui faire répéter à plusieurs reprises, mais, au bout d'un moment, je finis par m'habituer à son accent. Âgé de seize ans, il vivait dans la rue depuis trois ans. Sa mère l'avait chassé parce qu'il avait refusé de retourner en Arabie saoudite, d'où sa famille était originaire. Peut-être précisa-t-il pour quelle raison il ne voulait pas rentrer dans son pays, mais cela m'échappa. Alors qu'il vivait dans la rue depuis quelques mois, Sniper était venu le trouver, comme il l'avait fait avec moi. Depuis ce jour, il vivait et travaillait avec Sniper.

Ce soir-là fut placé sous le signe de la détente ; sur le grand canapé rouge du salon, nous regardâmes un film tous les trois ensemble, ce que je n'avais jamais fait avec ma famille. Que c'était bon de faire partie d'un groupe, même si j'ignorais encore quel rôle j'y tiendrais !

— Demain, on te trouvera un flingue et on te montrera comment t'en servir, dit Sniper, tandis que le générique défilait.

Je me tournai vers lui, les yeux écarquillés.

— Maintenant que tu es installée, il est temps pour toi de remplir ta première mission.

Roderick, quant à lui, avait toujours les yeux rivés sur l'écran.

De retour dans la chambre, je grimpai sur le lit et tirai la couette aussi haut que possible. Allongée sous cette épaisseur, je restai un moment à fixer mon reflet dans le miroir du plafond, en repensant à mon coin, sous le pont, et à la poubelle que j'avais abandonnée là-bas. Que faisaient Eddie, Freddie et Mikey, en cet instant ? Le chœur de l'église baptiste chanterait-il ma chanson préférée, le dimanche suivant ? Et bien sûr, j'essayais d'imaginer l'effet que cela produirait de manier une arme. Et ça me terrifiait.

4
En cavale

Sniper me remit un Glock 22, le premier pistolet que j'aie jamais tenu en main.

— Il faut que tu apprennes à te protéger, me dit-il. Et moi, il faut que je m'assure que tu sois en sécurité. Je vais t'emmener dans un endroit où je t'apprendrai à te servir de ce flingue.

Je ne saurais dire s'il s'en rendit compte, mais je tressaillis violemment lorsqu'il prononça ces mots. *Est-ce que je vais devoir descendre des gens ?* me demandai-je avec angoisse.

Cet après-midi-là, nous prîmes la voiture – emportant avec nous une cible en carton bricolée par ses soins – et nous rendîmes dans un coin boisé complètement perdu, où personne ne risquait d'entendre nos coups de feu. Après être sortis de la voiture, nous nous enfonçâmes dans les bois, jusqu'à trouver un endroit dégagé. Sniper attacha la cible à un tronc d'arbre, puis il m'indiqua comment positionner mon arme afin de tirer une balle en plein dans le mille.

— Tiens-le comme ça, à deux mains, sois bien équilibrée sur tes deux jambes et pointe-le droit vers le centre de la cible.

Soudain, sans prévenir, il pressa la détente.

Bang !

Le bruit de la balle éjectée par le canon fut si violent que je faillis me pisser dessus. Sniper n'atteignit pas le centre mais s'en approcha. Il me tendit ensuite le pistolet.

— À ton tour.

Je me plaçai au même endroit que lui et visai la cible. Bang ! Après plusieurs essais, je finis par toucher le bord du carton.

— Bien, apprécia mon professeur. Recommence.

Il me fit encore tirer quelques balles avant de décréter qu'il était temps de nous en aller.

Sur le chemin du retour, nous traversâmes un quartier proche de celui où vivaient mes parents. *Habitaient-ils toujours par ici ?* Je n'avais aucune intention de le découvrir. Malgré les vitres teintées, je me recroquevillai sur la banquette autant que possible, afin d'être certaine de ne pas être vue. La veille, lorsqu'il m'avait demandé comment je m'étais retrouvée dans la rue, j'avais raconté à Sniper ce que j'avais subi dans mon ancienne demeure. Il m'avait écoutée sans m'interrompre, puis avait secoué la tête à la fin de mon récit.

— Je ne comprends pas comment on peut traiter une petite fille comme ça, avait-il dit. Ils n'avaient pas le droit de te faire endurer tout ça. Ils peuvent s'estimer heureux que je n'aille pas les trouver pour les descendre illico.

Quand Sniper s'exprimait ainsi, je n'avais pas l'impression d'être sa coursière, mais sa petite sœur. Je me sentais en sécurité, protégée.

Sniper était issu d'une famille en partie honnête. Sa mère avait un emploi régulier, et il dit ne jamais avoir subi de sévices. Il n'avait pas confié à ses proches qu'il vendait de la drogue, cependant je suis sûre qu'ils devaient s'en douter, puisqu'il ne les invitait jamais chez lui et avait toujours les poches pleines de billets. Il avait quitté l'école à quinze ans mais je le savais intelligent, à en juger par la manière posée avec laquelle il s'exprimait et se comportait. D'ailleurs, il avait forcément quelque chose dans le crâne pour gérer un business tel que le sien.

— Tu aurais dû rester à l'école, lui dis-je un jour.

— Et pourquoi donc ? Je me fais bien plus d'argent comme ça.

Je ne trouvai rien à redire à cela.

Au cours de la soirée qui suivit ma leçon de tir, Sniper m'expliqua en détail en quoi consisterait mon nouveau boulot. Premièrement, je devais entrer dans un bâtiment, un night-club ou un immeuble d'habitations, généralement dans un quartier où la drogue circulait beaucoup. Une fois sur place, je devais identifier les gens susceptibles de désirer telle ou telle substance. Je retournais ensuite à la voiture, où Sniper patientait avec ses produits. Je lui disais quelle drogue et quelle quantité tel client avait demandées, et quel prix il consentait à payer. Si cela convenait à Sniper, je retournais là-bas avec la dope.

— Quoi qu'il se passe, ne donne jamais, absolument jamais la drogue à quelqu'un tant qu'il ne t'a pas remis l'argent, me dit-il.

En cas de problème, j'étais censée dégager aussi vite que possible. Et si ça prenait mauvaise tournure ? Eh bien… voilà pourquoi j'étais équipée du Glock. Il me donna aussi un bipeur.

Une semaine plus tard arriva le moment de ma première course. J'avais tenté d'inciter Roderick à me raconter ce qu'il avait connu depuis qu'il travaillait pour Sniper, mais chaque fois que j'abordais le sujet, il se murait dans le silence. Je pense qu'il voulait me protéger et éviter de m'effrayer.

— Tu vas très bien t'en tirer, Chapo, dit-il.

J'espérais qu'il ne se trompait pas.

Ce soir-là, un vendredi, Sniper gara sa voiture en marche arrière dans le garage et remplit le coffre de sachets de différentes tailles.

— Waouh ! m'exclamai-je. Ça fait un sacré paquet d'herbe !

D'après lui, il y en avait pour cinquante mille dollars de came. Nous sommes partis et avons rejoint un immeuble situé à un quart d'heure de chez nous. Je portais un tee-shirt bleu marine à manches longues, un bas de survêtement gris et une veste noire suffisamment ample pour masquer le gros sac banane autour de ma taille. Les mains tremblantes, j'enclenchai le cran de sûreté de mon pistolet, que je glissai sur le côté de mon slip. Nous nous garâmes dans une ruelle. Dès que je fus descendue de la voiture, Sniper me rappela :

— Pas d'argent, pas de drogue.

Je déglutis et hochai la tête.

La nuit était très sombre. Nerveuse comme jamais, tandis que je maintenais les pans de ma veste contre moi, je me rendis dans la cour de l'immeuble. En levant la tête, j'aperçus une dizaine de personnes assises sur les marches de l'entrée. Toutes semblaient en train d'allumer quelque chose ; la cour était remplie de fumée et chargée d'une odeur d'herbe. Avisant un homme rabougri, blanc, entre deux âges, en train de rouler un joint, je me dirigeai vers lui. Il avait les pupilles extrêmement dilatées et le blanc des yeux rouge. Je pouvais l'oublier : il semblait plus accro au crack qu'à l'herbe.

— Salut, murmurai-je tout de même. Tu en veux d'autre, pour cette nuit ?

Concentré sur sa tâche, il leva à peine la tête vers moi. Angoissée, je me mordillai la lèvre inférieure.

— Attends ici, gamine, finit-il par lâcher.

Il se leva et disparut par la porte d'entrée d'un appartement. Un peu plus tard, il revint, accompagné d'une jeune blonde. La tête inclinée, elle me regarda droit dans les yeux, manifestement encore plus défoncée que lui.

— On va prendre un gros sachet, dit finalement le type.

— Combien pouvez-vous payer ?

Il marqua une pause.

— Cinq cents dollars, dit-il.

Mais où ces gens trouvent-ils tout ce fric, putain ?

Je courus jusqu'à la voiture de Sniper et lui fis la commission.

— OK, dit-il sobrement.

Il ouvrit le coffre, écarta des sachets à vingt-cinq dollars et en sortit un beaucoup plus volumineux, qu'il me remit. Je le fourrai sous ma veste et repris la direction de la cage d'escalier où m'attendait le couple.

— D'abord l'argent, dis-je au type, d'une voix tremblotante.

— Sûrement pas ! s'écria-t-il, ce qui attira l'attention de quelques voisins. Donne-moi l'herbe et tu auras ton foutu fric.

Le cœur battant, je sentais nettement la poignée froide du pistolet contre ma hanche.

— Je ne peux pas faire ça, dis-je calmement. D'abord l'argent, ensuite l'herbe. C'est comme ça que ça marche.

— File-moi cette herbe ! insista le client, élevant encore la voix.

Lorsqu'il se leva et s'approcha de moi, je compris qu'il ne me restait plus qu'une chose à faire ; je pris la fuite à toutes jambes.

Je tournai à l'angle du bâtiment et bondis dans la voiture.

— Ils… ne veulent pas… me donner… l'argent, dis-je, à bout de souffle.

— Comment ça ? me demanda Sniper.

— J'ai demandé au mec de me donner le fric en premier, comme tu m'as dit de le faire, mais il voulait d'abord l'herbe.

— Je m'en occupe, dit Sniper, après un instant de réflexion. Je ne veux pas qu'il t'arrive quoi que ce soit.

Je lui décrivis le couple en détail, ce qui lui permit de retrouver facilement son client, tandis que je restais dans la voiture. Quand il me rejoignit, un quart d'heure plus tard, il s'était délesté du sachet d'herbe. Il sortit cinq billets de cent dollars de la poche de son manteau.

— Parfois, il faut un peu jouer les durs, dit-il.

Quand il était apparu à l'angle de l'immeuble, sa seule présence avait suffi à foutre la pétoche au couple. Et l'homme avait payé.

— Allez, on dégage, dit Sniper en démarrant, alors que mon cœur battait encore à tout rompre.

Ainsi se déroula la vie en compagnie de Sniper et Roderick, durant les deux semaines qui suivirent. La nuit, nous faisions nos courses tous les trois et, le jour, nous vivions comme une petite famille. Nous jouions au billard, au flipper et aux cartes dans le sous-sol de la maison, riant jusqu'à en avoir mal aux côtes. J'aidais Roderick à maîtriser son accent (comme moi, il était incapable de prononcer certains mots) ; il ricanait chaque fois que je l'appelais Fleur, le surnom dont je l'avais affublé. Du fait de sa culture, Roderick était vierge. « Je me réserve pour la plus jolie fille du monde ! » ne cessait-il de me répéter. Nous traînions tout le temps ensemble, lui et moi, mais il n'y eut jamais la moindre étincelle amoureuse entre nous. Je le considérais comme un frère. Quand je lui appris que j'avais des origines arabes, il m'offrit un cadeau très spécial.

— Ça vient de ma mère, dit-il en me tendant un joli *hijab* bleu – la pièce de tissu avec laquelle les musulmanes se couvrent la tête. Dans ma culture, les filles reçoivent un *hijab* quand arrivent leurs premières règles. Comme tu es ma sœur maintenant, je te l'offre.

Je baissai la tête, de façon qu'il puisse me coiffer du *hijab*.

— Merci, Fleur, dis-je.

Ce moment nous fit tous deux légèrement rougir.

En échange de nos services, Sniper nous offrait un toit et une part de ses bénéfices. Roderick et moi terminions généralement la semaine avec trois cents dollars en poche. Nous piochions dans nos réserves pour régler Sniper quand il rapportait de la nourriture ou de la bière. Il ne nous laissait jamais toucher à la drogue, répétant qu'il était impossible d'en vendre correctement si on était accro. En revanche, nous avions notre dose d'alcool !

J'avais conscience que les produits que nous vendions et livrions semaient la pagaille dans la vie des consommateurs. Cependant, je ne redoutais pas tant les livraisons d'herbe dans des endroits flippants que la perspective de retrouver la peur et la solitude. Et la dépression. Et les heures passées à dessiner des loups et du ciel bleu en grelottant de froid dans une poubelle. Pour la première fois de ma vie, j'avais vraiment l'impression de compter pour quelqu'un. Et même d'être aimée.

Quelques semaines plus tard, Sniper fut arrêté par les flics non loin de la maison. Roderick, qui l'accompagnait à ce moment-là, réussit à s'échapper sans se faire remarquer.

— Il faut filer d'ici ! me lança-t-il après être rentré en quatrième vitesse à la maison.

En moins d'un quart d'heure, je fourrai tout ce que je pouvais dans mon sac à dos violet. J'enfilai mes chaussures et mon manteau, attrapai un ours en peluche offert par Sniper, et sortis en trombe sans même refermer la porte derrière moi.

Comme nous n'avions nulle part où aller, je conduisis Roderick sous le pont. Croyez-le ou non, ma poubelle était encore là.

— Chouette, ta chambre, Chapo, dit-il en donnant un coup de pied sur le côté de la poubelle. Mais tu sais bien que je ne peux pas dormir là-dedans avec toi ; tu es une fille.

Dans sa culture, dormir avec une fille autre que son épouse était considéré comme irrespectueux, voire scandaleux. Et peu importait qu'il ait brandi des pistolets et vendu de la marijuana pendant des mois.

Ce jour-là, Roderick piqua sa propre poubelle, qui n'était pas pourvue de couvercle. Il la disposa à côté de la mienne, y étala sa couverture et s'y glissa. Comme il mesurait au moins un mètre soixante-cinq, ses jambes dépassaient beaucoup plus que les miennes.

Bien que possédant à nous deux suffisamment d'argent pour régler un mois de location d'un petit appartement, nous préférions pour l'heure ne pas dilapider nos richesses.

— Restons ici un moment, jusqu'à ce que nous ayons décidé quoi faire, proposa Roderick, que j'approuvai aussitôt.

Un soir, moins de deux semaines plus tard, je sortis de ma poubelle et gravis le talus, suivie par Roderick. Je projetais de retourner à l'église, voir si l'on y servait toujours des repas gratuits. Je voulais également présenter Roderick à Arsenio. En posant le pied dans la rue surplombant notre cachette, je reconnus une femme. C'était une amie de mes parents, qui m'avait reconnue, j'en étais certaine. *Merde.*

Je tentai de faire marche arrière, mais Roderick me suivait de près ; je ne tenais pas à lui balancer mon pied en plein visage.

— Hé, Michelle ! cria la femme. Hé, viens là, ma petite !

— Demi-tour ! soufflai-je à mon compagnon, paniquée.

Hélas, il était trop tard. Après avoir récupéré nos affaires dans les poubelles (que c'était idiot, nous aurions dû tout laisser sur place !), nous remontâmes la pente et débouchâmes dans une des rues voisines. À l'angle d'un bâtiment, mon père surgit en voiture à notre hauteur.

— Monte ! cria-t-il.

La femme qui m'avait reconnue l'avait appelé sur son portable et lui avait dit où elle m'avait vue. Il s'était précipité.

Il bondit hors de la voiture et me jeta sur la banquette arrière, avant de me frapper sur la tête.

— Ça t'apprendra à fuguer ! hurla-t-il.

Je vous laisse imaginer les ennuis qui m'attendaient à la maison.

À la vue de mon père, Roderick, paniqué, avait pris la fuite. Mon père, qui ne pensait qu'à me ramener à la maison, ne chercha pas à le rattraper. Je n'ai jamais revu Roderick.

5
J'attends un enfant

Fin février, après que mon père m'eut ramenée à la maison, ma mère me réinscrivit à l'école. Alors âgée de seize ans, j'aurais dû en principe rester encore en cinquième. On me fit passer un test, qui par miracle se révéla concluant, si bien que je fus admise en troisième. Mon retour à l'école me donna l'impression de replonger dans le cauchemar auquel j'avais échappé, mais en pire. Pourquoi ? Eh bien, parce que j'avais goûté à la liberté et qu'on m'enfermait de nouveau. Mes camarades étaient toujours aussi méchants avec moi et mes notes, toujours aussi catastrophiques. Je me mis donc à sécher les cours. Personne ne souhaite rester assis au fond d'une salle de classe et se sentir idiot et humilié, ce qui était précisément mon cas.

Le membre de ma famille qui m'avait précédemment violée vivait encore à la maison, ainsi que tout un tas d'autres parents ; nous étions une quinzaine à présent. La nuit qui suivit mon retour, les abus sexuels reprirent.

— Tu pensais pouvoir m'échapper, ma petite chatte, me siffla mon tortionnaire, me léchant l'oreille avec sa langue visqueuse.

Je tentai de le repousser, dégoûtée, mais il me maintint contre lui. Chaque fois qu'il se juchait sur moi, j'essayais de me déconnecter. De ces abus. De ma vie. De moi-même. Au point que je finis par ne plus sentir qu'il s'activait sur moi. Je m'évadais en pensée loin de là, sur une île luxuriante ou face à un coucher de soleil couleur pêche. Cela se reproduisait au moins trois fois par semaine au cours des deux années qui suivirent. Je m'étonne encore de ne jamais être tombée enceinte au cours de cette période.

Un après-midi, alors que j'étais en seconde, je m'installai à la cantine, seule, et m'apprêtai à avaler un cheeseburger que j'avais nappé de ma sauce piquante préférée.

— Salut, ça va ? me lança quelqu'un.

Je levai la tête et découvris un garçon à qui je disais parfois bonjour au lycée. Discuter avec quelqu'un était pour moi un événement, et je trouvais ce mec – appelons-le Erik – plutôt mignon.

Erik était afro-américain, mesurait environ un mètre quatre-vingts et était doté d'un charmant nez retroussé et de bras très musclés. Ce jour-là, il portait un jean et un tee-shirt militaire vert.

— Tu as l'air triste, dit-il. Tout va bien ?

Je lui répondis par un regard qui semblait dire : « Tu es sérieux, là ? »

Il se saisit d'une chaise et s'assit en face de moi. J'étais vêtue, quant à moi, d'une chemise miteuse datant des années 1960, l'une de mes trois pitoyables tenues, que je portais jusqu'à l'usure. J'avais par ailleurs aux pieds des chaussures Beetlejuice que je haïssais.

— Quoi qu'il se passe dans ta vie, n'oublie pas que Dieu t'aime, dit-il, l'air sérieux. Il sera toujours là pour toi.

Il commençait à me faire flipper. Je pris une frite sur mon plateau et me mis à la mâchouiller. *C'est peut-être un fanatique religieux*, me dis-je. Je continuai d'avaler mes frites, puis il finit par se lever et s'en aller.

Quelques jours plus tard, alors que – seule, comme toujours – je relisais un de mes romans préférés de Stephen King à la bibliothèque, Erik s'approcha de moi. Je fis mine de ne pas l'avoir vu, absorbée que j'étais par mon livre.

— Tu aimes les romans d'horreur, à ce que je vois ? dit-il.

Je souris et levai timidement la tête. Uniquement parce que je le trouvais mignon, je m'étais renseignée à son sujet auprès de deux camarades de classe. J'avais ainsi appris qu'il faisait partie de l'équipe de football du lycée et qu'il était en terminale.

— Tu aimes aussi la poésie ? reprit-il, ayant remarqué la pile de poèmes posée devant moi.

Je hochai la tête.

— Tu pourrais m'en lire un de toi ?

Je sentis le rouge me monter aux joues.

— Oui, pourquoi pas ? répondis-je.

Je fouillai dans les feuillets et sélectionnai le poème qui me semblait le meilleur. Le dernier vers évoquait le fait de vouloir être aimé.

— Pourquoi éprouves-tu tout ça ? me demanda Erik.

Je haussai les épaules et reposai le poème sur la pile.

Au cours des quelques semaines qui suivirent, Erik et moi prîmes l'habitude de sécher les cours ensemble. Assez souvent. Il m'avait paru bizarre dans un premier temps, c'est vrai, mais c'était la seule personne qui me donnait le sentiment d'être vivante. Je me sentais belle en sa compagnie. Malgré mes affreux vêtements, il me disait toujours que j'étais jolie. Les élèves de ma classe ouvraient de grands yeux lorsqu'ils nous voyaient ensemble dans les couloirs. Il était facile de lire dans leurs pensées : « Mais qu'est-ce qu'il fiche avec *cette fille* ? »

Un après-midi, alors que nous séchions un cours, il m'attira contre une rangée de casiers et me fit sa déclaration :

— Je t'aime, Michelle...

Noyée dans son regard, je n'arrivais pas à y croire. Sans me laisser le temps de réagir, il m'embrassa. Longtemps. Passionnément. J'avais dix-sept ans. C'était la première fois qu'on me donnait un baiser avec tendresse et qu'on me disait ces mots. C'était la meilleure sensation au monde.

Ne possédant pas de téléphone portable, je donnai le numéro de la maison à Erik. Malheureusement, quand il appelait en soirée, je n'étais généralement pas en mesure de répondre, occupée à courir après les gamins ou cherchant à échapper à l'homme qui abusait de moi.

— Pourquoi ne m'as-tu pas rappelé ? me demandait-il le lendemain, ce à quoi je ne trouvais jamais de bonne réponse.

Finalement, après qu'il eut insisté à ce sujet, je finis par lui avouer la vérité, du moins en partie.

— Il faut que je te dise quelque chose, Erik... Je traîne un lourd passé derrière moi.

— Comment ça ?

Je m'éclaircis la gorge.

— Eh bien... la situation chez moi est affreuse.

— Tu mérites d'être aimée. Si seulement je pouvais faire en sorte que tu viennes habiter chez moi...

Moi aussi, j'en rêvais. D'après ce qu'il m'avait raconté, ses parents l'adoraient et s'occupaient bien de lui. Ils lui achetaient des vêtements classe et s'assuraient qu'il ait de quoi dîner chaque soir. Il n'avait jamais été frappé en plein visage ni abusé sexuellement. La nuit, quand je me faisais violer, j'imaginais parfois ce que cela ferait de sentir Erik en moi, de me sentir aimée plutôt que méprisée. Je finis par le découvrir, environ un mois après notre premier baiser.

Nous avions séché les cours, ce vendredi après-midi-là, et, pour la première fois, nous allâmes jusqu'au bout. Tout se passa très vite et nous nous retrouvâmes en train de faire l'amour. Nous recommençâmes trois fois. Quel bonheur d'être dans les bras de quelqu'un qu'on a choisi ! J'aimais Erik. J'aimais également le fait d'être avec lui parce que j'en avais envie, et non parce que j'y étais contrainte.

Quelques semaines plus tard, je commençai à ressentir des nausées. Et j'étais épuisée. Terrifiée, je décidai de procéder à un test de grossesse. *Que ferai-je si je suis enceinte ? Comment pourrais-je m'occuper d'un bébé ?* Cette nuit-là, la ligne bleue me confirma ce que j'avais deviné : j'étais enceinte.

Je posai le bâton et, le visage dans les mains, pleurai une heure durant. Qu'allais-je faire, à présent ? J'aurais voulu prévenir Erik, hélas, les choses n'étaient pas si simples. Peu après notre quatrième relation sexuelle, une fille m'avait fait une révélation :

— Tu es au courant qu'Erik a une petite amie, n'est-ce pas ?

Après être restée muette une minute, j'avais réagi :

— Tu dis n'importe quoi ! C'est impossible.

Et pourtant. Une certaine Cassie, qui fréquentait un autre lycée, m'appela un jour chez mes parents, en une des rares occasions où il m'était possible de répondre au téléphone.

— Allô ?

— C'est Cassie, dit une voix haut perchée. J'ai trouvé ton numéro dans le téléphone d'Erik.

— Qui est à l'appareil ?

— Je ne sais pas si tu es au courant, mais Erik et moi, on sort ensemble depuis plusieurs mois, dit-elle.

Comme je ne répondais pas, elle finit par raccrocher.

Je restai ensuite une heure à sangloter, découvrant brutalement ce qu'était un chagrin d'amour, avec la sensation d'avoir le cœur percé de mille épingles.

Je me mis à éviter Erik au lycée. L'air qu'il prenait lorsque nos regards se croisaient dans une salle ou à la cantine était éloquent : il savait que sa petite amie m'avait révélé son secret. Deux camarades de classe m'apprirent qu'il s'était mis à dévaloriser notre relation après avoir été découvert par Cassie. L'une d'elles me précisa même qu'il avait dit : « Michelle n'a jamais été ma copine ; on a juste baisé une ou deux fois. » Je n'ai jamais posé la question à Erik, mais, à en juger par le comportement qu'il adoptait désormais à mon encontre, c'était tout à fait possible. Je n'en revenais pas d'avoir succombé à ses belles paroles. Cela démontrait bien combien j'avais besoin d'être aimée.

Deux semaines après la révélation de Cassie, je mis un terme à ma relation avec Erik. Cela ne prit pas longtemps :

— Je crois qu'on sait tous les deux que c'est terminé.

Je voulais en finir au plus vite, comme on arrache d'un coup un pansement. Je ne lui dis pas que j'étais enceinte, estimant qu'il ne le méritait pas, vu la façon dont il m'avait traitée, mais il allait bien falloir que j'en parle à ma mère. Quelques semaines plus tard, je trouvai le cran de le faire. Elle n'en fut pas ravie, c'est évident, et ne voulait probablement pas que j'aie ce bébé. Je lui dis que c'était à moi, pas à elle, de prendre une décision.

Malgré mon appréhension, je n'ai jamais envisagé d'avorter. J'espérais que ce bébé, au moins, m'aimerait. À l'époque, j'avais le sentiment de ne compter pour personne au monde.

6

Mon nounours

De plus en plus fatiguée par ma grossesse, j'éprouvais les pires difficultés à sortir du lit. Par ailleurs, il était gênant d'aller en cours avec mon ventre arrondi qui commençait à se remarquer. J'ai donc fini par abandonner le lycée, en fin de seconde. Je suis certaine que mes camarades de classe s'en sont à peine rendu compte.

Alors que j'étais enceinte de cinq mois, mes parents se séparèrent. Mon père quitta la maison. J'ignore ce qui motiva cette décision, mais ils se disputaient en permanence depuis au moins un an. Après son départ, l'atmosphère devint un peu plus paisible.

Après avoir laissé tomber les cours, je passais mes journées à la maison, à regarder la télévision ou à lire des romans de Stephen King. J'étais aussi malade qu'énorme ; heureusement, ma mère cessa de me confier beaucoup de responsabilités ménagères. À cette époque, mon violeur s'était quelque peu calmé. Après tant d'années, j'avais assez de détermination pour oser me défendre.

— Arrête ! crachais-je quand il tentait d'abuser de moi.

Malgré ma petite taille, j'étais capable de donner des coups de pied assez violents. Désormais, je prenais parfois le dessus lorsque je le repoussais.

J'étais ravie à l'idée de voir le bébé arriver, d'autant plus qu'une infirmière m'avait dit que ce serait un garçon, mais j'étais également très inquiète. Tandis que, chaque après-midi, tout un tas de soap operas braillaient à la télévision, suivis par *Judge Judy*, mille pensées tourbillonnaient dans mon esprit. *Comment faire pour gagner de l'argent ? Comment vais-je m'occuper du bébé ? Trouverai-je un moyen d'avoir mon propre foyer ? Qui me donnera du travail, si je n'ai pas de diplôme ? Et si j'en trouve un, qui gardera le bébé ?* Je n'avais aucune réponse à ces questions, toutefois, je savais que je devais donner naissance à cet enfant. À mes yeux, le petit être qui grandissait en moi était un don de Dieu.

Après avoir été violée durant tant d'années, j'étais encore très perplexe à propos de Dieu. Existait-Il ? Je n'avais aucune certitude à ce sujet. Néanmoins, s'Il existait, et s'Il était assez bon pour m'offrir un enfant à aimer, j'estimais que cela suffirait à compenser les épreuves endurées au cours de mes dix-huit premières années. Chaque soir, avant d'aller dormir, je me caressais le ventre en fredonnant un air entendu autrefois à l'église baptiste.

Je m'allonge pour m'endormir,
Et prie pour que le Seigneur veille sur mon âme.
Si, avant de m'éveiller, je devais mourir,
Je prie pour que le Seigneur accueille mon âme.

C'était une prière toute simple, une très jolie mélodie, mais aussi un appel à Dieu, dont j'espérais vraiment qu'Il existât.

Quelques semaines avant mon terme, je commençai à réfléchir à un prénom. Je finis par choisir

Juliano, que j'aimais beaucoup. Quand je fis part de mon choix à la famille, il ne fut pas très apprécié.

— Ne lui donne pas un prénom typé, me conseilla-t-on.

C'est ainsi que j'optai finalement pour Joseph, prénom qui me plaisait tout autant, avec Joey comme diminutif.

Mon fils vint au monde avec un mois d'avance. Un soir où j'étais assise dans la baignoire, je perdis les eaux. Ma mère me conduisit en toute hâte à l'hôpital, où le travail s'éternisa ; j'avais beau pousser de toutes mes forces, le bébé ne voulait pas sortir. Enfin, j'entendis ses cris. Une infirmière le nettoya, l'enveloppa dans une couverture blanche et le déposa dans mes bras. Je découvris mon petit garçon, qui fit un rot et ouvrit les yeux.

— Mon Dieu, qu'il est mignon ! m'exclamai-je.

Il avait hérité de mon visage et du nez retroussé de son père.

— Comment ça va, petit Joey ? gloussai-je.

Je l'ai aimé dès son premier rot.

En ce 24 octobre 1999, j'acquis enfin une certitude : ce cadeau prouvait que, forcément, Dieu existait. La naissance de Joey restera toujours le plus beau jour de ma vie.

*
* *

Mon petit nounours... C'est ainsi que j'appelais presque tout le temps Joey. Chaque fois que je le berçais contre moi, il était si chaud, si douillettement installé. C'est en le sortant du lit que j'ai pris l'habitude de dire « Bonjour, mon petit nounours », et le surnom est resté.

Joey était un bébé adorable. À moins d'avoir faim ou d'avoir mouillé sa couche, il ne pleurait presque jamais. Nous partagions tous les deux une petite chambre au premier étage ; il commença à faire ses nuits au bout de seulement deux mois. Comme je n'avais pas de quoi acheter un berceau, je le gardais avec moi dans le lit, qui se résumait à un matelas double calé dans un coin de la pièce. Après avoir soigneusement enveloppé Joey dans une couverture bleue, je le berçais en chantonnant. Visiblement, un de ses airs préférés était *I Will Always Love You*, le tube de Whitney Houston : il ouvrait grands les yeux chaque fois que je le fredonnais.

Joey grandissait vite. Puisque je ne travaillais pas, je dépendais des allocations de la Sécurité sociale qui me furent directement versées dès que j'eus dix-huit ans. Bien qu'insuffisantes, elles me permettaient d'acheter des couches et du lait maternisé. J'aurais aimé allaiter Joey mais c'était impossible, à cause de certains médicaments prescrits par les médecins après mon accouchement.

Peu après sa séparation de mon père, ma mère se mit à fréquenter d'autres hommes. Avec le temps, l'un d'eux, un latino, devint de plus en plus présent à la maison. Appelons-le Carlos. C'était un type qui avait l'air plutôt bien, du moins au début. Quand il s'installa avec nous, Joey devait avoir six mois.

*

* *

Joey gazouilla un temps, puis il se mit à ramper, et enfin à marcher. Nous nous amusions follement tous les deux. Il adorait *Les 101 Dalmatiens*, que nous regardions souvent ensemble. Et il aimait beaucoup chanter avec moi ; je n'avais de cesse de lui apprendre de nouveaux airs. Il appréciait particulièrement la comptine *Les Roues de l'autobus*, que je lui chantais souvent, du coup.

— Qu'est-ce que tu prépares, mon chéri ? lui demandai-je un soir, alors qu'il jouait avec sa dînette.

— Sketti ! s'écria-t-il, voulant dire « spaghettis ».

Il leva bien haut sa cuillère et l'abattit dans sa main gauche. Quand nous mangions des spaghettis et des boulettes de viande, nous faisions toujours la même blague : il me chipait une boulette, et je faisais semblant de ne pas comprendre où elle était passée. Il riait comme un fou, pendant que je la cherchais partout.

Plus tard, ce soir-là, après lui avoir donné son bain, l'avoir enduit de crème et lui avoir enfilé son body, je le vis sauter dans toute la pièce, au rythme d'une chanson qui passait à la radio.

— Viens par ici, mon nounours !

Il revint vers moi, ce qui me permit de boutonner son body.

— Quel gros bêta !

Il me répondit par un grand sourire.

J'adorais d'autant plus les périodes de vacances en compagnie de Joey que ma famille ne fêtait jamais rien. À l'approche de Noël 2001, quand Joey avait deux ans, je piochai dans mes allocations pour lui acheter quelques cadeaux au magasin Family Dollar du quartier. Il ne cessait de réclamer un arbre de Noël. Pour être franche, je n'avais pas de quoi acheter des cadeaux *et* un sapin. Je tentai donc d'en fabriquer un en collant des feuilles et des brindilles ramassées dans la rue sur un bâton. Le résultat fut plutôt lamentable mais Joey n'y vit que du feu.

— Joli ! dit-il quand j'eus fixé la dernière branche, quelques jours avant Noël.

Nous sommes restés un moment à admirer mon œuvre.

Je n'emballai les cadeaux de Joey que la veille de Noël ; il était tellement excité que je savais qu'il aurait tenté de les trouver et de les ouvrir si je m'y étais prise plus tôt. Je m'y attelai à minuit, dans le salon, au rez-de-chaussée. Peu après 1 heure du matin, je les disposai enfin sous le sapin de fortune, avant d'aller me coucher contre Joey, dans le lit, tout en me demandant à quelle heure il me réveillerait.

Moins de quatre heures plus tard, vers 5 heures, Joey était on ne peut plus éveillé.

— Maman ! Maman ! criait-il, bondissant sur le matelas. Noël !

Je plongeai la tête sous l'oreiller.

— Chouette, c'est Noël !

Il se mit à chanter *Vive le vent*. Deux minutes plus tard, je me levai tant bien que mal, me frottai les yeux et attrapai mes lunettes.

— D'accord, nounours. Maman est réveillée, maintenant.

Voir son visage illuminé suffit à me tirer du lit. Nous chantâmes trois couplets de *Mon beau sapin* – Joey se contentait de répéter indéfiniment le titre de la chanson –, puis je le laissai ouvrir ses cadeaux. Il y avait du papier dans toute la pièce. Il poussa un cri lorsqu'il ouvrit son premier cadeau.

— Un casque !

J'acquiesçai, le sourire aux lèvres, tandis qu'il enfilait son casque de football.

— Oui, mon bébé. Je savais que ça te plairait.

Son cadeau suivant, un ballon, le rendit fou de joie.

— Ouais ! s'écria-t-il, les yeux écarquillés. Encore du foot !

J'avais cherché à offrir un Noël fantastique à Joey, et 6 heures n'avaient pas encore sonné que j'avais apparemment réussi.

— Merci, maman ! cria Joey, me passant les bras autour du cou.

— Je t'aime, lui dis-je, prenant son menton dans la main. Ne l'oublie jamais.

Il était aux anges, et moi aussi. Ce bonheur se prolongea jusqu'en janvier ; à la fin des vacances, je me rendis compte qu'il me restait très peu d'argent.

7

On me prend Joey

Au cours du printemps 2002, je me mis à chercher du travail. N'importe quel travail. Je cherchais tous les jours. J'en avais marre d'être fauchée et de dépendre de mes allocations.

Je demandais à ma mère de garder Joey, afin de me mettre en quête d'offres d'emploi. Elle acceptait parfois. Dans ce cas-là, j'allais proposer ma candidature dans tous les fast-foods de la ville. Mais personne ne veut embaucher quelqu'un qui ne mesure qu'un mètre trente-sept et n'atteint même pas la caisse ni la machine à café. Consciente que je ne pouvais pas faire la fine bouche, puisque je n'avais pas terminé le lycée, j'étais prête à tout accepter, même au noir. Je passai des semaines à écumer les rues de Cleveland, mais, au début de l'été, je n'avais toujours pas la moindre piste.

Un après-midi du début du mois de juin, il devait être 16 heures, après avoir une fois de plus passé en vain la journée à chercher du travail, je me traînai jusqu'à chez moi. En entrant dans une des chambres du premier étage, je découvris Carlos, le compagnon de ma mère, ivre au point d'être incapable d'articuler correctement. Quant à ma mère, qui était censée surveiller Joey, elle restait introuvable.

— Viens par ici ! me lança Carlos, qui tendit brusquement la main vers moi.

— Maman ! Maman ! hurla Joey, si paniqué qu'il se mit à pisser dans ses vêtements.

En voyant cela, Carlos l'attrapa par la jambe et, d'un coup sec, lui fractura le genou.

Ce qui suivit étant trop douloureux à raconter, je n'entrerai pas dans les détails. Après avoir conduit Joey à l'hôpital, je voulus dire la vérité aux médecins, puis je me ravisai, terrifiée à l'idée qu'on me le prenne si l'on venait à estimer qu'il n'était pas en sécurité à la maison. Je prétendis donc qu'il était tombé au parc. Peu après son admission, deux assistantes sociales se mirent à chuchoter dans le couloir.

— Pouvons-nous vous parler, mademoiselle Knight ? me demanda la première, une petite blonde assez corpulente.

L'autre, une brune, me jaugeait par-dessus ses lunettes.

— Vous allez me prendre mon fils, n'est-ce pas ? dis-je, à peine capable de respirer.

Elles ne répondirent pas immédiatement.

— Nous savons ce qui est arrivé à Joey, finit par dire la blonde en me regardant droit dans les yeux.

Je me mis à pleurer. Elle m'expliqua que Carlos avait reconnu les faits. Sa sœur avait appelé l'hôpital et révélé la vérité. Tandis qu'elle parlait, mes sanglots redoublèrent.

— Je vous en prie... Ne... me... prenez... pas... mon... bébé ! parvins-je à articuler entre mes larmes. Ce n'est pas ma faute !

Peu après, le personnel médical m'annonça la terrible nouvelle : quand il serait en état de sortir de l'hôpital, mon fils serait placé dans un foyer d'accueil, jusqu'à ce qu'il soit établi qu'il ne courait aucun danger chez nous.

Je ne pouvais plus m'arrêter de pleurer.

— Ne me prenez pas mon fils ! criai-je, pliée en deux dans le couloir.

Les infirmières me regardaient avec pitié. Je parvins à me calmer, le temps d'entendre la seule bonne nouvelle de la soirée.

— Vous pouvez rester auprès de lui cette nuit, me dit l'une d'elles, qui me conduisit ensuite à sa chambre.

Joey était installé sur un lit surélevé, sa petite jambe bandée.

— Maman, maman ! cria-t-il dès qu'il m'aperçut.

Je me précipitai auprès de lui et lui pris la main.

— Je suis là, mon nounours, murmurai-je.

Voyant que j'hésitais à le serrer dans mes bras, de crainte de lui faire mal, l'infirmière me rassura.

— N'ayez pas peur, dit-elle. Vous pouvez le prendre sur vos genoux. Faites simplement attention.

Je la remerciai d'un hochement de tête, puis elle s'en alla.

Je n'avais pas le cœur de dire à Joey que cette nuit serait la dernière que nous passerions ensemble. Cela étant, j'avais conscience qu'il fallait que j'évoque le sujet.

— Maman ne va plus pouvoir te voir pendant un moment, d'accord ? lui chuchotai-je à l'oreille, tout en essuyant de la paume de la main une larme qui coulait sur ma joue.

Joey me répondit par un regard inquiet. Je compris qu'il avait deviné la vérité, que ce « moment » pouvait devenir l'éternité. Plus tard, cette nuit-là, allongée près de lui tandis qu'il dormait, je l'attirais contre ma poitrine. Je sentis battre son cœur. Bam.

Bam. Bam. Dans l'obscurité, je me mis à pleurer, aussi silencieusement que possible.

Le lendemain matin, je le conduisis à la salle de jeux de l'hôpital. Calé sur mes genoux, il fit un ou deux dessins avec moi. Une heure plus tard, je perçus des bruits de talkie-walkie dans le couloir. La police était arrivée.

— Il faut lui dire au revoir, madame, m'annonça un agent.

Comment dire au revoir à son propre enfant ? Comment sortir de la pièce ? Comment expliquer à un fils que des jours, des mois, voire des années s'écouleront peut-être avant qu'il ne vive de nouveau sous le même toit que sa mère ? Je le pris en douceur dans mes bras, tâchant de retenir mes larmes. Quand je me levai pour partir, Joey se mit à paniquer.

— Me laisse pas, maman ! hurla-t-il. Me laisse pas !

— Je m'en vais seulement un moment, dis-je, aussi calmement que j'en trouvai la force. Nous serons bientôt de nouveau ensemble.

Je tentai de le calmer en le berçant dans mes bras, mais il continua à crier.

— Il faut vraiment y aller, madame, intervint l'agent.

Je sentais que les policiers, qui m'avaient permis de rester un peu plus longtemps, compatissaient. Je me penchai et déposai un baiser sur le front de Joey, puis les agents me firent sortir de la pièce.

— Maman ! Maman ! criait Joey, tandis que je les suivais dans le couloir.

Mon nounours m'appelait au secours… mais je ne pouvais même pas lui répondre.

J'avais subi des abus sexuels de la part d'un membre de ma famille des années durant et j'avais vécu dans une poubelle, sous un pont, par tous les temps, comme un animal, mais rien n'aurait pu me préparer à la perte de mon enfant. C'était la pire chose qui me soit arrivée au cours de mes vingt et une années d'existence. Je passai la nuit suivante à pleurer, souffrant terriblement de l'absence de Joey. Était-il bien traité, dans son nouveau foyer ? Avait-il peur ? Me réclamait-il encore ? Ses parents adoptifs seraient-ils bons et compréhensifs ou froids et distants ? Ne pas savoir où dormait mon fils, ni si l'on s'occupait bien de lui, était une véritable torture. Je finis par me fourrer le poing dans la bouche, pour éviter que mes sanglots n'empêchent les autres de dormir.

*
* *

Quelques jours plus tard, je dus marcher trois heures pour me rendre à une audience du tribunal. J'étais prête à avaler n'importe quelle distance pour espérer récupérer Joey. La juge me cria dessus lorsque je me présentai avec un quart d'heure de retard.

— Le moindre retard joue contre vous ! aboya-t-elle.

Je compris instantanément qu'il était inutile que je lui explique que je n'avais ni voiture, ni soutien, ni argent, ni emploi. Ni même l'envie de continuer de respirer si on ne me rendait pas mon fils. Je me sentais surtout assommée, comme si on m'avait frappée au cœur.

Au cours de cette audience et des rendez-vous avec les services sociaux qui suivirent, on me fit connaître les conditions qu'il me fallait remplir pour être considérée comme de nouveau « digne d'être mère ». Je devais apporter la preuve que j'étais en mesure d'offrir un foyer sain à mon fils. Je devais également être parfaitement ponctuelle lors des visites qui me seraient accordées. Celles-ci étaient programmées tous les quinze jours, en présence d'une assistante sociale.

Je quittai la maison de ma mère et m'installai chez ma cousine Lisa. Je ne la connaissais même pas, car nos parents ne nous avaient jamais donné l'occasion de nous rencontrer. Elle était juste passée à la maison, alors que j'avais environ seize ans, et m'avait paru cool, très gentille. Elle habitait sur Walton Avenue, à Tremont, et avait accepté de me louer une de ses chambres pour seulement trois cents dollars par mois. Sa maison n'était pas très éloignée de celle où vivaient ma mère et Carlos mais, à mes yeux, c'était un autre monde. Là, j'étais en sécurité. Comme je n'avais toujours pas d'emploi, je n'avais pas de quoi payer le loyer exigé par Lisa. Cependant, il m'était devenu indispensable de m'éloigner de l'environnement violent qui m'avait valu de perdre Joey. *Je prends la chambre de Lisa et je m'inquiéterai plus tard de trouver une façon de payer le loyer*, décidai-je. C'est ainsi que je m'installai chez ma cousine.

De dix ans mon aînée, Lisa fit de son mieux pour que je me sente à l'aise. Quand je rentrais, après mes journées passées à chercher du travail, elle me préparait parfois un plat de nouilles chinoises. Sachant combien je me sentais seule et déprimée, elle demanda à d'autres membres de la famille de m'introduire dans le quartier. Deanna, une cousine beaucoup plus jeune que nous, habitait à quelques rues de chez nous. Par un après-midi de la fin du mois de juin 2002, alors que Deanna et moi nous détendions sur la véranda de la maison de Lisa, elle me présenta une de ses camarades de classe.

— Michelle, voici Emily, dit-elle. Emily Castro.

Emily me salua d'un signe de tête. Comme Deanna, elle avait environ quatorze ans. Cette adolescente aux cheveux noirs et au joli sourire nous rendit fréquemment visite au cours des semaines qui suivirent. Elle vivait à deux rues de là, avec sa mère, m'apprit-elle. Elle avait sept ans de moins que moi (la plupart des gens m'en donnaient douze, alors que j'en avais vingt et un), mais cela ne me dérangeait pas le moins du monde. C'était vraiment une gentille fille. J'avais d'ailleurs été habituée, eu égard à mes nombreux redoublements, à côtoyer des élèves beaucoup plus jeunes que moi. Traîner en compagnie d'Emily et de Deanna était une façon d'oublier mes soucis, en particulier l'après-midi, quand j'étais découragée après avoir passé la matinée à chercher du travail.

Peu à peu, j'appris à connaître Emily. Elle me révéla que ses parents ne vivaient plus ensemble mais qu'elle voyait toujours son père, qui habitait sur Seymour Avenue.

— C'est cool, dis-je.

Emily sortit son portable et me montra une photo de lui. Elle précisa qu'il se prénommait Ariel et qu'il était chauffeur de bus. Sur cette photo, il affichait un sourire qui ressemblait à celui de mon amie. Il avait les cheveux noirs épais et ondulés et portait une moustache et un bouc. Il avait l'air quelque peu débraillé – à cause, notamment, de ses cheveux ébouriffés – mais cela ne me choqua pas plus que ça.

— C'est chouette que tu puisses toujours le voir, dis-je.

Emily acquiesça et rangea son portable dans son sac.

Une autre fois, alors qu'elle traînait avec ma cousine et moi, Emily appela son père, le haut-parleur de son portable activé, pour lui dire qu'elle serait prête à 18 heures. Il était prévu qu'il passe la chercher chez sa mère.

— OK, répondit son père sur un ton détendu. J'y serai.

Emily ne me présenta jamais à « AC », comme elle l'appelait, mais j'avais l'impression de le connaître. Cet été-là, j'assistai ainsi à plusieurs de leurs conversations téléphoniques, au cours desquelles ils faisaient souvent les idiots. Il prenait parfois un accent paysan pour plaisanter. Ce type semblait vraiment sympathique.

*

* *

Mes premières retrouvailles avec Joey se déroulèrent aux alentours du week-end du 4 juillet 2002, soit environ un mois après qu'il eut été placé dans une famille d'accueil. L'assistante sociale avait organisé une rencontre d'une heure dans un parc.

— Maman, maman ! s'écria-t-il quand j'arrivai.

Je le pris dans mes bras et le serrai fort contre moi, à l'en étouffer.

— Oh, mon bébé !

Consciente que cette heure passerait beaucoup trop vite, je ne le quittai pas des yeux une seule minute. Nous fîmes un peu de toboggan ensemble – lui devant et moi derrière.

— Youpiiii ! criais-je en lui levant les bras chaque fois que nous nous élancions.

Entre nos éclats de rire, nous parlions un peu.

— Tout va bien, mon nounours ? lui demandai-je, la gorge nouée.

— Tu me manques ! me répondit-il.

En levant la tête, je vis que l'assistante sociale m'observait avec attention depuis l'autre bout du parc. Être surveillée pendant que je jouais avec mon fils était étrange, mais, déterminée à ne pas m'en soucier, je focalisais toute mon attention sur Joey.

Quand l'heure fut écoulée et qu'il fallut nous dire au revoir, je fis appel à toute ma volonté pour ne pas prendre mon bébé dans mes bras et m'enfuir à toutes jambes avec lui.

— Je ne veux pas retourner là-bas, dit-il. Je veux rentrer à la maison avec toi.

— Je sais, mon chéri, dis-je en lui caressant les cheveux. Mais ce n'est pas possible pour l'instant. Nous serons bientôt de nouveau réunis, tu verras.

Il s'accrocha à ma jambe de toutes ses forces.

— Non ! Pars pas !

Je crus revivre l'affreux épisode de la salle de jeux de l'hôpital.

— On se revoit bientôt, mon bébé, dis-je, afin de le rassurer.

L'assistante sociale dut l'arracher à ma jambe et le faire entrer de force dans sa voiture, tandis qu'il se débattait en hurlant. Je l'entendis sangloter quand elle l'installa sur son siège. Le cœur brisé, je restai clouée sur place jusqu'à ce que la voiture eût disparu.

Mi-juillet, je n'eus d'autre choix que de manquer un rendez-vous avec Joey. Cela me blessa profondément car je devinai que cela jouerait contre moi au tribunal ; le temps qu'il me faudrait pour prouver que Joey pouvait m'être rendu n'en serait que rallongé. Mais comme je ne trouvais pas toujours quelqu'un pour me conduire et que je ne possédais ni véhicule ni permis de conduire, je devais me rendre à pied à ces rendez-vous. Joey n'avait pas tout de suite été placé dans une famille définitive, si bien qu'il passait fréquemment d'un foyer à un autre. Par conséquent, le lieu de rendez-vous variait également, et se trouvait parfois à plusieurs heures de marche de chez ma cousine. Je faisais de mon mieux pour m'y rendre, et à l'heure, mais, un jour, il me fut tout simplement impossible de me trouver en temps et en heure à l'endroit convenu.

*

* *

Le reste du mois de juillet me fit l'effet d'une longue période floue ; je ne différenciais pas le dimanche du mardi, le mercredi du jeudi. Je ne pensais qu'au prochain rendez-vous avec Joey et à la façon pour nous d'être enfin réunis. J'étais en permanence en train d'œuvrer dans ce but.

Pour commencer, il me fallait trouver du travail. Dès 8 heures du matin, j'enfilais mes sandales et partais à pied, en quête d'offres d'emploi. En fin d'après-midi, je passais un peu de temps sur le perron, avec Emily et Deanna. Lisa et moi nous rendions parfois à l'épicerie du quartier et y achetions une bière, que nous nous partagions. De retour à la maison, je m'installais face au ventilateur, quand la place était libre. Comme si tous mes malheurs ne suffisaient pas, mes lunettes glissèrent de mon nez, un jour, et se brisèrent sur le trottoir. Comme j'étais myope, il me fallut ensuite scruter les annonces de très près.

Associée à la chaleur étouffante, ma vision floutée me désorientait sérieusement. Et je n'avais en aucun cas les moyens de m'offrir une nouvelle paire de lunettes.

8
Disparue

Le rendez-vous suivant avec Joey fut fixé le 23 août 2002. L'assistante sociale et moi devions en profiter pour préparer l'audience prévue le 29. On m'avait donné une adresse, mais je n'avais pas la moindre idée du chemin pour m'y rendre. Un membre de ma famille ayant accepté de m'y conduire, je déclinai la proposition des services sociaux, qui m'avaient également offert leurs services. J'étais donc soulagée d'y aller en voiture, jusqu'au moment où la personne qui devait m'accompagner m'appela pour me prévenir qu'elle ne pouvait plus se libérer. Je pris instantanément conscience de deux choses : j'allais certainement me perdre et, comme je ferais le trajet à pied, j'arriverais en retard au rendez-vous. *Oh, mon Dieu...*

J'appris la nouvelle le jour du rendez-vous, vers 11 heures du matin, ce qui me laissait très peu de temps pour m'organiser.

— Je suis à peu près certaine que c'est au centre-ville, m'avait dit la personne censée me déposer.

Depuis mon quartier, il ne me faudrait pas moins de deux heures pour m'y rendre, sans compter le temps de trouver l'adresse exacte. Je pris une douche, enfilai un short en jean et un tee-shirt blanc et chaussai mes sandales les plus confortables, puis j'avalai une Pop Tart.

— Tu veux venir avec moi ? proposai-je à Deanna, qui, pour je ne sais quelle raison, n'était pas allée à l'école, ce jour-là, et était venue nous rendre visite.

— D'accord, dit-elle, avant d'enfiler ses baskets.

Je passai la lanière de mon sac autour du cou et glissai les documents relatifs au rendez-vous dans la poche extérieure. Nous nous mîmes en route à midi.

Sous un soleil de plomb, nous marchâmes environ une heure avant d'atteindre le centre-ville, sans pouvoir situer le point de rendez-vous. Nous interrogeâmes tous les gens que nous croisions, du patron d'un salon de coiffure à un garçon de café. Tous haussaient les épaules en répondant que cette adresse leur était inconnue.

Peu après 13 heures, je décidai qu'il valait mieux prévenir les services sociaux que je risquais d'être en retard. Je sortis le papier de mon sac, déchiffrai le numéro qui figurait en bas de la page et glissai une pièce de vingt-cinq cents dans un téléphone public. Une réceptionniste bourrue prit mon appel.

— Je ne sais pas où se trouve le lieu de rendez-vous, dis-je. Je suis à pied et...

— Vous auriez dû accepter notre proposition de vous y conduire ! m'interrompit-elle.

— Mais je ne pensais pas que ce serait nécessaire. Un membre de ma famille était censé me déposer sur place.

Puis, sans me laisser le temps de demander des précisions... clac, elle raccrocha.

Mon retard jouerait en ma défaveur, c'était certain. Je ne savais plus quoi faire, et je commençai à mourir de chaud. Des auréoles de sueur s'étaient formées sous les manches de mon tee-shirt, j'avais faim et j'étais anéantie. Mais aussi furieuse contre moi-même : j'allais sans doute de nouveau manquer un rendez-vous. *J'aurais dû accepter d'être conduite là-bas par les services sociaux. J'aurais dû chercher l'adresse hier.*

— Rentrons à la maison, dis-je à Deanna, qui, le visage écarlate, dégoulinait de transpiration.

— Tu es sûre ? On peut peut-être encore trouver.

— Remettons-nous en marche ; on demandera aux personnes qu'on croisera.

Ce que nous fîmes. Hélas, personne ne sut, ne serait-ce que vaguement, nous orienter. En passant devant une laverie automatique, je vis une horloge murale indiquant 13 h 18. Il ne me restait plus beaucoup de temps. Je décidai d'appeler de nouveau les services sociaux.

— Continue de marcher, dis-je à Deanna. Je cherche une autre cabine téléphonique et je te rattrape.

Elle acquiesça et se remit en route. Ayant déniché une cabine, je composai le numéro et évitai cette fois la réceptionniste agressive. Grâce au menu d'accueil, je tentai de joindre directement l'assistante sociale. Le problème, c'est qu'il fallait un code spécial pour cela, et que je ne l'avais pas sur moi. Je sortis la feuille de mon sac et, la tenant tout près de mon visage, j'y cherchai quelque chose ressemblant à un code. En vain. Je repris la direction de la maison vers 13 h 30, en tâchant de retrouver ma cousine. J'aperçus une fille au loin ; c'était peut-être elle mais elle était trop éloignée pour que je l'appelle. Je poursuivis donc ma marche seule. *Peut-être pourrai-je encore trouver quelqu'un pour me conduire*, me dis-je.

Je retrouvai mon quartier vers 14 h 30, soit l'heure du rendez-vous. Mourant de soif, j'entrai dans le magasin Family Dollar dans lequel j'avais souvent fait des achats, notamment les cadeaux de Noël de Joey. Il y avait foule à l'intérieur. Dans l'allée des sodas, j'aperçus une femme élégante. *Peut-être pourrait-elle m'aider...*

— Excusez-moi, madame, dis-je en sortant ma feuille froissée. Sauriez-vous par hasard où se trouve cette adresse ?

Je désignai le haut du document. Elle baissa le déodorant qu'elle tenait en main et me regarda, puis elle s'intéressa à l'adresse.

— J'aimerais pouvoir t'aider, ma petite, mais je ne suis pas du quartier, me répondit-elle.

— C'est justement le problème. Cet endroit ne se trouve pas dans ce quartier. C'est a priori en centre-ville.

— Désolée, je ne peux pas t'aider, dit-elle, déposant le déodorant dans son cabas.

Me sentant impuissante, je remisai la feuille dans mon sac, attrapai un soda et fis la queue à la caisse. La caissière, une blonde assez corpulente, semblait un peu fatiguée. Après avoir réglé, je pris la direction de la porte. Quand j'eus un éclair de génie. *Je devrais peut-être demander à la caissière.* Je fis demi-tour. Alors qu'elle s'occupait du client suivant, je lui montrai ma feuille.

— Excusez-moi, savez-vous où se trouve cette adresse ?

Elle la considéra un moment avant de répondre :

— Je crois qu'il faut prendre la première à gauche, mais je n'en suis pas certaine.

Alors que j'étais sur le point de repartir, une voix masculine s'éleva à quelques mètres de là :

— Je sais exactement où c'est.

Je me retournai et reconnus cet homme que j'avais vu en photo. Il s'agissait d'Ariel Castro, le père d'Emily.

— Oh, bonjour, dis-je.

Il avança pour régler ses achats – deux tournevis et un bidon d'huile de vidange.

— Je suis Michelle, une amie d'Emily.

— Ah oui ? dit-il avec douceur, de la même voix que je l'avais entendu employer avec sa fille, au téléphone. Si tu me donnes une minute, je peux peut-être t'indiquer comment te rendre là-bas.

Dieu merci ! Je serai en retard mais, au moins, probablement présente au rendez-vous.

Alors que la caissière finissait d'encaisser ses articles, je pris un instant pour l'observer. À peu près aussi débraillé que sur sa photo, il avait d'épais cheveux noirs, ondulés et mal coiffés, et le teint olivâtre. Ses mains avaient une couleur de rouille, comme s'il ne se les était pas lavées depuis des mois, et sa peau pelait. Il était visiblement âgé d'une quarantaine d'années et sa bedaine retombait par-dessus son jean noir. Il portait également une chemise à carreaux en flanelle tachée de graisse en deux endroits, comme s'il avait bricolé une voiture, et dont il avait relevé les manches à hauteur des coudes. *Comment fait-il pour porter de la flanelle en plein été ?* me demandai-je. Il avait une allure de Mexicain mais Emily m'avait dit qu'il était originaire de Porto Rico. Il me sourit de nouveau quand il me surprit en train de l'examiner, ce qui me fit détourner la tête. Malgré sa mise lamentable, il avait l'air d'être un brave homme.

Il glissa sa monnaie dans la poche arrière de son jean et s'approcha de moi ; je constatai alors qu'il portait des rangers.

— En fait, je suis moi aussi un peu perdu, gloussa-t-il. Sais-tu où je peux trouver une Key Bank ?

— Oui, à la première à droite, dis-je.

— Parfait. Mais je vais d'abord t'aider à trouver ton adresse. Tu veux que je t'y conduise ?

— Je veux bien, m'entendis-je répondre. (Une petite voix me susurra de prévenir Emily.) Euh... Et si on appelait Emily pour lui dire que je suis avec vous ?

Il se pencha vers moi, m'envoyant au passage une bouffée d'odeur d'huile de moteur.

— Emily est à l'école à cette heure-ci, dit-il. Je préfère ne pas la déranger.

Je pris un instant pour réfléchir.

— Bon, eh bien, d'accord pour un bout de conduite, dis-je. Merci.

En sortant du magasin, il me prit par le bras, un peu trop fort, mais il me relâcha aussitôt.

— Oh, pardon ! dit-il en riant doucement. Je t'ai trop serrée, non ?

J'émis un rire nerveux et acquiesçai, puis lissai la manche de mon tee-shirt.

— Il m'arrive de ne pas me rendre compte de ma force ; je suis désolé.

Si son comportement me parut bizarre, je le mis sur le compte d'une innocente maladresse dès qu'il se fut excusé. En outre, j'avais davantage confiance en lui qu'en un inconnu. C'était tout de même le père d'une amie et, ne l'oublions pas, un ange providentiel pour me conduire à mon rendez-vous. Nous traversâmes le parking côte à côte, jusqu'à son pick-up garé tout au fond – un Chevrolet quatre portes d'une couleur vaguement orange, dans lequel il m'aida à m'installer.

L'intérieur de son véhicule était aussi sale que lui, jonché d'emballages de Big Mac. De mon côté, deux vieux cartons de nourriture chinoise étaient coincés dans un coin, sur le tapis de sol. Les manivelles des deux vitres avant étaient manquantes.

— Waouh ! Vous vivez là-dedans ou quoi ? laissai-je échapper, en regardant de tous les côtés.

— Oui, je sais, c'est un peu la pagaille, dit-il en riant. Je suis un incorrigible célibataire.

Il enfonça la clé dans le contact et démarra. Soudain, sans prévenir, il donna un violent coup de volant, qui nous fit partir en dérapage.

— Woohoo ! s'écria-t-il.

Pétrifiée, je m'accrochai au bord de mon siège.

— Oh, n'aie pas peur, dit-il quand il remarqua mon air paniqué. Je m'amuse un peu, c'est tout. J'aime bien faire ça avec mes enfants.

Je lâchai un petit gloussement. Emily m'avait dit que son père aimait faire le pitre, comme quand il prenait un accent paysan pour lui parler au téléphone. Je fis de mon mieux pour me détendre, tandis que nous sortions du parking.

Pendant que nous roulions, je lui parlai de Joey, que je voulais tant récupérer, laissant entendre l'importance du rendez-vous.

— Il me manque tellement…

Ariel hocha la tête, compatissant.

C'est à ce moment-là que – même si, sans mes lunettes, j'avais du mal à discerner le nom des rues – je constatai que nous ne semblions pas nous diriger vers le centre-ville, où avait lieu mon rendez-vous.

— Où allons-nous ? m'enquis-je.

— Oh, je dois simplement m'arrêter une minute chez moi, pour prendre quelque chose. Emily ne va pas tarder à rentrer de l'école ; je lui donnerai un peu d'argent et vous pourrez toutes les deux aller au centre commercial un peu plus tard, si vous voulez. Mais ne t'en fais pas ; si tu veux, je peux te conduire d'abord à ton rendez-vous.

— D'accord, mais pas longtemps ; je suis déjà en retard. Je risque de sérieux ennuis si je n'y vais pas. Emily et moi, nous irons au centre commercial un autre jour.

Sur le tableau de bord, l'horloge indiquait 15 heures ; Emily allait rentrer d'ici quelques minutes.

— Ça ne sera pas long, je te le promets, me dit-il.

Nous roulâmes encore une minute en discutant ; il me raconta qu'il adorait les motos et qu'il cherchait à en vendre une.

— Je connais peut-être quelqu'un qui serait intéressé, dis-je, pensant à un type qui habitait dans mon quartier.

Il changea subitement de sujet :

— Au fait, est-ce que tu aimes les chiots ?

— Oh oui, j'adore ! Et mon fils aussi.

En effet, chaque fois que nous croisions un chien dans la rue, Joey était fou de joie et cherchait à le caresser.

— J'en ai chez moi, justement, dit Ariel. Ma chienne a eu une portée il n'y a pas longtemps. Je peux t'en donner un tout à l'heure, si tu veux. Comme ça, tu pourras l'offrir à Joey quand tu le récupéreras. Je parie qu'il en serait ravi.

Quelle bonne idée ! songeai-je. *Joey adorerait avoir un chiot ; cela ferait un merveilleux cadeau pour son retour à la maison.*

Parvenu sur Seymour Avenue, Ariel ralentit et s'arrêta devant une maison blanche à deux niveaux située non loin de celle où j'habitais – je reconnus d'ailleurs la rue – et entourée d'un grillage métallique de deux mètres cinquante de haut.

— Nous y sommes, annonça-t-il.

Le jardin était encore plus jonché de détritus – des journaux et des canettes de soda en quantité – que le pick-up, et la pelouse jaunie n'avait sans doute pas été tondue depuis des semaines. Nous avions roulé au moins sept minutes, alors que nous habitions l'un comme l'autre à deux minutes en voiture du Family Dollar. *On a tourné en rond, ou quoi ?* me demandai-je.

Il sortit du pick-up et ouvrit la porte grillagée, puis il se réinstalla au volant et recula lentement dans l'allée, en regardant par-dessus son épaule. Un fourgon était garé au fond du jardin. Il alla ensuite fermer le portail avec un gros cadenas, ce qui me rendit quelque peu nerveuse.

— Pourquoi vous garer et fermer le portail ? m'étonnai-je. Je croyais qu'on n'en avait que pour une minute.

— Parce que ce quartier est affreusement malfamé ; je ne tiens pas à me faire voler mon pick-up.

Qui pourrait vouloir de ce tas de boue ?

Par la fenêtre du véhicule, j'aperçus un chow-chow brun-roux attaché à une chaîne.

— Elle est drôlement mignonne ! dis-je.

— Elle s'appelle Maxine.

— Pourquoi n'est-elle pas dans la maison, avec ses petits ?

— Je suis obligé de la laisser dehors, sinon, elle fait ses besoins dans la maison.

Cela ne me parut pas vraiment logique – n'avait-il donc pas dressé Maxine quand elle n'était qu'un chiot ? –, mais je ne m'attardai pas sur ce point.

— Je reviens tout de suite, dit-il, laissant tourner le moteur.

De retour moins d'une minute plus tard, il ouvrit ma portière.

— Entre donc une seconde, dit-il.

— Pourquoi ? questionnai-je en grimaçant.

— Pour prendre ton chiot. (Il comprit alors que j'hésitais.) Tu n'as pas à te sentir nerveuse ; Emily est rentrée. Viens donc voir les chiots quelques instants.

Je pris une inspiration, puis commis l'erreur que je regretterais toute ma vie.

— D'accord, juste une minute.

Il m'aida à descendre du pick-up, après quoi nous nous dirigeâmes de concert vers la porte en bois donnant sur l'arrière de la maison. Juste avant d'y entrer, j'aperçus un vieil homme blanc dans le jardin voisin. Je reconnus en lui un habitué du quartier ; ses enfants étaient d'ailleurs de sales mômes. Je lui fis un signe de la main et lui lançai un « Bonjour ! ». Il me répondit par un regard appuyé, avant de me faire signe à son tour. Cet échange me mit aussitôt à l'aise. *Il a des voisins qui le connaissent, et Emily est là. Je suis ridicule.*

S'il régnait une sacrée pagaille dans le véhicule et dans le jardin d'Ariel, ce n'était rien à côté de sa maison. La cuisine et le salon étaient jonchés de feuilles de papier journal. Des assiettes maculées de nourriture séchée s'empilaient dans l'évier, il y avait des canettes de bière un peu partout et les pièces empestaient l'urine, la bière et les haricots pourris. Enfin, la plupart des fenêtres étaient condamnées de l'intérieur. *Comment sa fille trouve-t-elle la force de lui rendre visite ici ?* m'interrogeai-je, tout en me demandant si Emily était aussi écœurée que moi en ces occasions.

— Bienvenue, dit Ariel, m'invitant à avancer dans la cuisine. Entre donc. Comme je l'ai dit, je suis célibataire ; je n'ai pas souvent le temps de faire le ménage.

Bouche bée, je ne répondis rien. Je le suivis dans le salon, tout en me demandant comment filer au plus vite de ce trou à rats puant sans paraître impolie. J'aperçus une photo posée sur un gros téléviseur, juste à côté de la cheminée.

— J'adore cette photo d'Emily, dis-je. Elle est si mignonne. Vous avez dit qu'elle était là ?

— Oui, elle remplit le lave-linge, au sous-sol. Elle remonte dans une minute. Suis-moi à l'étage, pour choisir un chiot.

— Non, non, je ne monte pas, dis-je, reculant d'un pas.

— Allons, tu n'as pas à avoir peur. C'est moi, AC, le père d'Emily.

C'est vrai. Je me comporte comme une idiote. Je ne voulais pas qu'Ariel raconte à Emily que j'avais eu peur de lui ; et j'imaginais déjà la tête de Joey quand il rentrerait à la maison et aurait la surprise de découvrir son chien.

— Je pourrais descendre les chiots mais je ne veux pas qu'ils se mettent à courir partout, ajouta Ariel.

Je pris une seconde pour l'observer ; il semblait sincère. Puis je cédai ; passant outre ma réticence, je posai le pied droit sur la première marche de l'escalier et commençai à grimper. Ariel me suivit, ses pas aussi pesants que ceux d'un éléphant.

Après avoir gravi une dizaine de marches, je n'entendais toujours pas d'aboiements.

— Comment se fait-il qu'on n'entende pas les chiots ?

— Ils font la sieste, j'imagine, dit Ariel. Ce sont encore des bébés ; ils passent la moitié de la journée à dormir. Tu vas voir, ils sont craquants quand ils sont tous blottis les uns contre les autres.

Cela avait l'air adorable ; j'étais impatiente de prendre un chiot dans mes bras. Au sommet de l'escalier il y avait une pièce.

— Ils sont là, dans une boîte.

Nous entrâmes dans une chambre aux murs blancs, puis dans la suivante, attenante, qui était rose.

— Ils sont sous la commode, dit-il.

Je baissai les yeux dans la direction qu'il indiquait… et soudain, il claqua la porte. Je me mis à hurler :

— Laissez-moi sortir ! Je vous en prie, laissez-moi partir ! J'ai mon rendez-vous !

Il plaqua sa grosse main sur ma bouche et mon nez, puis, de l'autre, me comprima la nuque.

— Si tu te remets à crier, je te tue !

L'homme que j'avais rencontré au Family Dollar – le type aimable avec qui Emily avait parlé au téléphone et qui s'était montré si gentil avec moi – s'était subitement changé en psychopathe. Il me coinça les mains dans le dos et me jeta à terre.

En cet instant, je vis toute ma vie défiler devant mes yeux. L'arrière de notre affreux break marron. La maison jaune canari de mes parents. Ma poubelle bleue, sous le pont. Le sourire chaleureux d'Arsenio. Sniper et Roderick jouant au billard avec moi, au sous-sol. Les rires de Joey et mon faux sapin, lors de notre dernier Noël passé ensemble. Je fermai les yeux, tâchant de me préparer à la suite… que, encore aujourd'hui, j'ai du mal à concevoir.

9

Prise au piège

— Bouge pas ! me hurla le type en plein visage, alors que je gisais au sol.

Je reçus ses postillons dans les yeux, et son haleine puante de bière. Il m'arracha mon sac et le jeta dans un coin de la chambre rose.

— Je reviens ! lâcha-t-il.

Il se précipita dans l'autre pièce, où je l'entendis fouiller dans un placard. Je tentai de hurler mais aucun son ne sortit lorsque j'ouvris la bouche. Mais vraiment aucun. Je ne contrôlais plus mes mains, secouées comme par un tremblement de terre.

Ma panique était totale ; j'étais incapable de bouger mais mon esprit fonctionnait à toute allure. *Allez, ma fille, il faut faire quelque chose !* Mon regard se posa sur deux poteaux métalliques, de chaque côté de la chambre, reliés par un câble tendu comme un fil à linge. Le type revint moins d'une seconde plus tard, avec un lourd tabouret, qu'il posa près de moi. Il portait également deux rallonges électriques orange. Mon cœur battait si fort que j'avais la sensation qu'il allait jaillir de ma poitrine. Je tentai de me relever.

— Bouge pas ! hurla-t-il.

Je fus saisie d'un haut-le-cœur qui faillit me faire vomir. Il s'assit sur le tabouret et m'empoigna les jambes. Je me débattis avec énergie, malheureusement, il était trop fort pour moi. Il enroula une rallonge autour de mes chevilles et la serra au point de m'entailler la peau. Il ne prononça pas un mot pendant la manœuvre mais respirait bruyamment. Mon esprit s'emballait. *Comment est-il possible qu'une telle chose m'arrive ? Comment vais-je faire pour me tirer de là ?* Alors qu'il enchaînait les tours de fil autour de mes chevilles, de la sueur coulait de son menton sur ma chemise ; elle exhalait un affreux mélange d'urine et d'huile de vidange.

Il serra tant et tant la rallonge autour de mes chevilles que je finis par ne plus du tout les sentir. Il me prit les bras et me les coinça dans le dos quand, hurlant de plus belle, je tentai de le frapper au visage.

— Laissez-moi partir, je vous en prie ! le suppliai-je, le visage ruisselant de larmes.

— Ferme-la, sinon je te tue ! cria-t-il. Je te jure que je le fais !

Il m'attacha ensuite les poignets, qu'il relia à mes pieds. Enfin, il fit passer la rallonge autour de mon cou.

— Arrêtez ! tentai-je de crier, mais j'avais la respiration coupée.

Allongée par terre et ainsi saucissonnée, je me dis qu'il comptait me suspendre à l'un des poteaux. Mais soudain il ouvrit sa braguette, baissa son jean et sortit son pénis. Son ventre flasque pendouillait sous sa chemise en flanelle, et il ne portait pas de slip.

— Tu vas seulement rester un petit moment ici avec moi, dit-il, en commençant à se masturber.

À chacun de ses mouvements, son pantalon tombait un peu plus, et plus il s'activait, plus il parlait.

— Je veux vraiment que nous soyons amis. Ma femme et mes enfants m'ont quitté ; j'ai simplement envie d'avoir quelqu'un avec moi. J'ai besoin de toi.

Mon cœur battait la chamade, et j'avais les mains et les pieds engourdis, le visage trempé de larmes et le nez qui coulait. J'avais connu de nombreuses frayeurs au cours de mon existence, mais aucune ne rivalisait avec celle que j'éprouvais en cet instant. J'allais mourir, c'était certain. *Oh, mon Dieu, pourquoi moi... ?*

Désespérée, j'ouvris les yeux et regardai en direction de la fenêtre. Le type me visa avec son engin à cet instant précis.

Il hurla. Une grosse masse de sperme jaillit et retomba sur mon short.

Il s'assit sur le tabouret et, pendant un temps qui me parut infini, ne bougea plus. Le jean tombé à hauteur des chevilles et la tête calée contre le mur rose, il prit de nombreuses et profondes inspirations.

— Maintenant, il faut que tu restes tranquille, le temps que je t'attache sur ces poteaux, finit-il par dire.

Il se leva et remonta son pantalon, puis entreprit de m'ôter mes chaussures. Je me mis à réciter la seule prière que je connaissais :

— « Je m'allonge... pour m'endormir... Et prie... pour que le Seigneur... veille sur mon âme. »

— Tais-toi ! cria-t-il. Personne ne peut t'entendre !

— « Si, avant de m'éveiller... je devais mourir... », insistai-je.

Il me fit taire d'un violent coup de poing sur la tempe, puis il jeta mes chaussures dans le coin où avait atterri mon sac. Il me roula ensuite sur le ventre, tandis que j'essayais de m'éloigner de lui en me tortillant, et fit passer la seconde rallonge orange autour de mes mains, de mes pieds et de mon cou. Il me hissa jusqu'au câble tendu entre les poteaux et y attacha la rallonge fixée dans mon dos. Quand il eut terminé, je me trouvais à environ trente centimètres du sol, face à la fenêtre. On aurait dit qu'il m'avait suspendue ainsi pour m'exhiber, comme un trophée accroché au mur. Une minute plus tard, il fourra une chaussette puante dans ma bouche et la coinça d'un tour de ruban adhésif autour de ma tête. Je ne pouvais plus que gémir… et espérer que quelqu'un m'entendrait.

— Je vais nous chercher de quoi déjeuner, dit-il d'une voix très calme, Mister Hyde ayant subitement cédé la place au docteur Jekyll. Ne bouge pas et ne fais aucun bruit.

Comment veux-tu que je fasse du bruit alors que tu as mis du Scotch sur ma bouche ? songeai-je, paniquée. Il alluma le poste de radio posé sur la commode et monta tant le volume que j'en eus mal aux tympans. Puis il sortit de la pièce, claqua la porte et descendit l'escalier d'un pas lourd.

Par-delà le vacarme de la radio, j'entendis le moteur du pick-up. Espérant dénouer les rallonges, je me mis à m'agiter d'avant en arrière, ce qui n'eut pour autre résultat que de sérieusement m'étourdir. De mon perchoir, je devinais les fenêtres des maisons voisines, de l'autre côté de la rue. *Est-ce qu'on peut me voir ?* Sans mes lunettes, je ne distinguais pas grand-chose. Je tentai de hurler de nouveau, hélas à peu près certaine que personne n'entendrait mes appels noyés par le rap agressif de la radio.

Je regardai autour de moi, en quête de n'importe quel objet à ma portée susceptible de m'aider à m'échapper, en vain ; j'étais paralysée par mes liens. Par la porte ouverte du placard, j'aperçus quelques vêtements de fillette. Emily m'avait parlé de sa petite sœur, Rosie ; cette pièce avait dû être sa chambre, avant que sa mère ne s'en aille avec ses filles. Il y avait sur le sol une feuille sur laquelle était dessinée une sirène – une œuvre enfantine, visiblement –, sous laquelle il était écrit « Ariel ». Peut-être la fille de mon ravisseur la lui avait-elle offerte. Comment un homme père de deux filles, dont une était mon amie, pouvait-il m'infliger cela ? Emily le tenait manifestement pour un individu normal ; n'avait-elle donc aucune idée de sa perversité ? Je savais à présent qu'il m'avait menti en prétendant qu'elle était présente dans la maison, mais peut-être y viendrait-elle plus tard. Deanna était-elle rentrée à la maison et avait-elle prévenu tout le monde que j'avais disparu ? L'esprit agité par mille pensées, j'espérais de toutes mes forces que quelqu'un se soit déjà lancé à ma recherche.

*
* *

Les heures défilant, je passai d'un état d'engourdissement à la sensation que l'on me perçait le corps de mille aiguilles. Je commençais à avoir mal au crâne, à cause de la radio qui hurlait. Le cinglé n'était toujours pas rentré quand le soleil plongea vers l'horizon. J'étais alors à peu près certaine qu'il me tuerait à son retour. Je ne pouvais plus penser à autre chose qu'à mon petit Joey, en me demandant si je le reverrais un jour.

Le matin arriva, puis l'après-midi s'écoula, suivi d'une deuxième nuit. J'étais suspendue depuis plus de vingt-quatre heures, l'estomac tiraillé par la faim, et je souffrais de la pire soif que j'aie jamais connue, la bouche incroyablement sèche à cause de la chaussette fourrée à l'intérieur. Je puais affreusement car, à deux reprises, je n'avais pas réussi à contenir ma vessie. Je m'étais également évanouie plus d'une fois, étranglée par la rallonge. Si le type revint dans la maison au cours de cette période, je ne l'entendis pas. Peut-être étais-je tombée dans les pommes. À moins que le bruit de la radio ne l'ait couvert. Enfin, il ouvrit la porte d'un coup d'épaule, une sorte de sandwich avec un emballage jaune de McDonald's dans les mains.

— Il faut que tu manges quelque chose, dit-il, éteignant la radio.

Il tira d'un coup sec sur le ruban adhésif autour de ma tête – il m'arracha des cheveux au passage, ce qui me fit hurler de douleur – et retira la chaussette de ma bouche. Il écarta l'emballage et tenta d'insérer le sandwich dans ma bouche, mais je gardai les lèvres serrées et secouai la tête. Il m'agrippa alors la mâchoire et chercha à me faire engloutir le sandwich de force.

— Il faut que tu manges ! cria-t-il.

Qui me dit qu'il n'a pas drogué cette nourriture ? Et s'il voulait m'empoisonner ? Je résistai autant que possible, jusqu'à ce qu'il finisse par jeter le sandwich par terre.

Il dénoua la rallonge par laquelle j'étais suspendue au câble, si bien que je m'écrasai douloureusement sur le sol. Je me remis à pleurer et tentai de me redresser. J'avais les membres si engourdis que je ne les sentais plus.

— Bouge pas, petite pute, dit-il.

Tout en m'immobilisant d'une main, il déroula de l'autre le lien qu'il m'avait passé autour du cou. Lorsque, ensuite, il fit de même avec celui qui m'entravait les chevilles, un filet de sang se mit à couler sur l'un de mes pieds.

— Il faut que tu te lèves, dit-il.

— Vous rigolez ? Je ne peux même pas tenir debout !

Sans me laisser dire un mot de plus, il me hissa et me cala comme un paquet sur son épaule. Tout en grognant, il me porta jusqu'à la petite chambre blanche voisine. Dans un coin, il y avait un matelas double taché, sans draps. Il m'y jeta et m'arracha tous mes vêtements. Puis, une heure durant, tandis que je hurlais sans discontinuer, il me viola. Et recommença. Et encore. Et encore. Il me fit si mal que le matelas fut rapidement trempé de mon sang. Dans un premier temps, je tentai de le repousser à coups de pied, de lui griffer le visage avec les ongles, mais, avec mes faibles moyens physiques, je n'avais aucune chance contre un homme si puissant.

— Arrêtez de me faire mal, je vous en supplie, sanglotai-je quand il donna l'impression de se calmer. (Je m'étais dit qu'il me laisserait peut-être partir si je faisais mine de m'adresser à lui avec gentillesse.) Je veux seulement rentrer chez moi... Je ne pense pas que vous soyez quelqu'un de mauvais ; vous avez simplement commis une erreur. Si vous me laissez partir maintenant, nous pouvons oublier tout ce qui s'est passé.

Il s'allongea à côté de moi, nu et couvert de sueur, et commença à me parler, un peu comme si j'étais sa petite amie.

— J'aimerais vraiment ne pas être obligé de te faire subir ça, dit-il à mi-voix.

Il soupira et versa même quelques larmes. Le docteur Jekyll était de retour.

— Ma femme m'a quitté. Je n'avais pas l'intention de la frapper... mais on dirait que je n'arrive pas à me contrôler. J'ai été violé quand j'étais petit, et personne n'a rien fait pour l'empêcher. C'est pour ça que j'ai commencé à me masturber et à regarder des films pornos. Je veux seulement que quelqu'un reste ici avec moi.

Tandis qu'il poursuivait ces inepties, je gardais un œil sur la porte, envisageant de me ruer vers l'escalier. Malheureusement, la position dans laquelle il m'avait coincée, dans le coin du matelas, m'empêchait de le contourner. Je restai un moment muette, puis je pris la parole :

— Pourquoi ne cherchez-vous pas une petite amie ? Ce n'est pas parce que vous avez connu une vie difficile que vous devez faire ce genre de chose. Beaucoup de gens ont survécu à une enfance pénible.

Il ne me regarda même pas. Soudain, il se leva d'un bond, ramassa son jean et en sortit quelques billets d'un dollar, qu'il me lança.

— Voilà ton salaire, dit-il, avant de sortir de la chambre.

Mon salaire ? J'ignorais totalement de quoi il voulait parler. Alors qu'il traversait le couloir, je me levai difficilement, les pieds douloureux. Il revint avant même que je n'atteigne la porte de la chambre.

— Tu comptais aller où, là ? lâcha-t-il, ce qui me fit me rasseoir sur le matelas.

Il avait récupéré mon sac ; il le retourna et en vida le contenu sur le sol.

— Quel âge as-tu ? me demanda-t-il.

Je ne répondis pas.

— Quelle est ta date de naissance ?

Comme je restais muette, il s'agenouilla et se mit à fouiller dans mes affaires, jusqu'à trouver mon portefeuille. Il en sortit ma carte d'identité et l'étudia un long moment.

— Tu as vingt et un ans ? dit-il enfin.

Je fis oui de la tête.

— Je te croyais beaucoup plus jeune ! s'écria-t-il. Je pensais que tu étais une prostituée !

Il me prenait pour une pute ! C'est peut-être pour ça qu'il m'a balancé de l'argent. Peut-être va-t-il me laisser partir, maintenant. Il était si furieux qu'il lança ma carte d'identité à l'autre bout de la pièce. Après une minute de réflexion, il vint s'asseoir au bord du matelas.

— Bon, écoute : nous allons être amis, toi et moi, d'accord ?

Mes mains se mirent à trembler.

— Tu ne vas pas rester ici longtemps. Peut-être seulement jusqu'à Noël.

Je fus assaillie de vertiges. *Jusqu'à Noël ? Il est hors de question que je reste ici jusqu'à Noël !* Je me mis à pleurer, soudain frappée – aussi sûrement que par mille poignards – par la sordide réalité de ma situation. *Oh, mon Dieu... Je suis coincée dans la maison d'un psychopathe.*

— Mais il faut d'abord que je voie si je peux te faire confiance.

Il me rendit mon tee-shirt et mes sous-vêtements, mais pas mon short, et me regarda les enfiler. Mon slip beige – avec des papillons, je l'adorais – était trempé d'urine et taché de sang, et mon tee-shirt sentait encore son abominable sueur.

Quand je me fus rhabillée, il posa la main sur mon bras. Je le repoussai ; il m'attrapa par les cheveux et me leva de force.

— Non ! hurlai-je. Lâchez-moi !

Sans tenir compte de mes cris, il me traîna jusqu'à l'escalier. J'ignorais où il m'emmenait, cependant, j'estimais que cela ne pouvait être pire que ce que je venais de subir.

Je me trompais.

10
Le cachot

Crac. Crac. Crac. Il me traîna sur les marches en bois grinçantes, jusqu'au rez-de-chaussée, où il s'arrêta une minute, puis il me tira jusqu'à une autre porte, dont il ouvrit le cadenas. Je découvris un autre escalier, qui descendait. *Le sous-sol... C'est là qu'il va m'enfermer !* Je me mis à trembler de tous mes membres, terrifiée à la seule pensée de me retrouver à la cave ; il ne s'y déroulait jamais rien de bon, dans tous les romans d'épouvante que j'avais lus. *C'est peut-être la fin pour moi.* Retenant ma respiration, je fermai les yeux, de toutes mes forces, et m'imaginai une seconde avec mon nounours.

Il faisait assez sombre en bas. Il me poussa sur les dernières marches et me jeta au sol. La luminosité était tout juste suffisante pour me permettre de constater que j'étais tombée sur un gros tas de vêtements masculins crasseux, juste à côté d'un épais poteau qui s'élevait sur toute la hauteur de la pièce. J'y vis mieux quand il alluma l'ampoule fixée au plafond.

— Ne bouge pas, m'ordonna-t-il, avant de se diriger vers un autre coin du sous-sol, ce qui me donna une minute pour détailler l'endroit où j'allais peut-être être assassinée.

La pièce était remplie de détritus, notamment de chaînes rouillées et de tas de vêtements sales dispersés un peu partout. Sous un grand évier stagnait une flaque d'eau, à côté d'un lave-linge antique. J'aperçus deux meubles de rangement, un bleu et un blanc, ainsi que des outils et des tuyaux abandonnés ici ou là. Il y avait des cartons empilés jusqu'au plafond, et d'innombrables vidéocassettes. *Sans doute ses réserves de porno*, estimai-je. Ce trou empestait la pourriture et la moisissure. Il y avait néanmoins une lucarne donnant sur l'allée, mais couverte de tant de crasse noirâtre qu'on ne voyait pas au travers et qu'elle empêchait la lumière du jour d'éclairer la pièce. La porte était équipée de nombreuses alarmes. Ces dispositifs étaient pourvus de tant de fils électriques que je me dis qu'il avait dû tout bricoler lui-même.

Le type se pencha et ramassa deux chaînes rouillées d'au moins deux mètres cinquante ; je n'en avais jamais vu d'aussi longues. Alors qu'il en tenait une bonne partie dans les mains, il en restait encore beaucoup à ses pieds.

Je pleurais sans pouvoir me contrôler, comme un bébé, les yeux enflés au point d'en être presque fermés.

— Laissez-moi partir, je vous en prie ! hurlai-je.

Il ne cilla pas ; cet endroit était bien trop enterré pour que quiconque m'entende.

— Comment puis-je te faire confiance si tu continues à faire autant de bruit ? dit-il, tandis que je sanglotais toujours. (Il haussa le ton.) Assieds-toi là ! Près du poteau.

J'obtempérai au plus vite. Il me coinça les bras dans le dos et entoura mes poignets d'une sorte de cordon torsadé. Après m'avoir fourré une autre chaussette dans la bouche, il me poussa contre le poteau et commença à enrouler les énormes chaînes autour de mon estomac, de mon cou et du poteau. *Un tour. Deux tours. Trois. Quatre.* Lors du cinquième tour, la chaîne passa dans ma bouche. Elle avait un goût métallique. Il attacha les deux chaînes l'une à l'autre dans mon dos. *C'est la fin…*

— Bon, nous devons maintenant nous assurer que personne ne puisse t'entendre, dit-il.

Il fit quelques pas et ramassa quelque chose sur une table. Un casque de motard. Il le brandit et me l'enfonça sur la tête. Je pouvais à peine respirer. C'est là que tout devint noir.

*
* *

Je n'avais aucun moyen de savoir quel jour nous étions lorsque je repris conscience. L'obscurité était totale. Ma seule certitude était que le type n'était pas dans les environs immédiats : un silence complet régnait dans la maison. *Fait-il jour ? Ou nuit ?* En toute honnêteté, j'étais incapable de le savoir. Quoi qu'il en soit, j'étais encore vivante, enfin, à peu près. J'avais le cerveau engourdi car il m'était très difficile de respirer avec le lourd casque sur la tête. Cela dit, je n'étais pas affaiblie au point d'être incapable de réfléchir à un moyen de m'enfuir. Je commençai par remuer les mains. *Je pourrais peut-être détacher les chaînes*. Hélas, elles ne voulaient pas bouger. Rassemblant tout ce qu'il me restait de force, j'essayai à de nombreuses reprises. En vain.

Les cordons m'entaillaient les poignets. Au bout de deux heures d'efforts, alors que j'étais près de renoncer, se produisit un miracle : un de mes liens se relâcha quelque peu. Je n'en revenais pas. *Je vais peut-être réussir à me libérer !* Luttant comme une folle, je finis par dégager une main, puis la seconde.

Bien que toujours enchaînée, je pus retirer cet affreux casque. Quel bonheur de respirer librement, même si c'était l'air confiné de ce sous-sol immonde ! Je me frottai les bras, afin de les désengourdir. Je regardai autour de moi, sans trouver à ma portée le moindre outil susceptible de m'aider à sectionner les chaînes. Je tendis les mains dans mon dos et me mis à tripoter l'un des cadenas. *Si seulement je pouvais l'ouvrir...* Je tentai d'en secouer de haut en bas la partie supérieure, qui me parut céder légèrement. *Oh, mon Dieu ! Je vais peut-être vraiment réussir à filer d'ici !*

Je me mis à tirer avec frénésie sur le cadenas. Seul souci : même si je parvenais à me libérer de cette chaîne, l'autre m'entraverait toujours à hauteur de l'estomac. Et si j'en venais également à bout, il me faudrait ensuite franchir la porte pourvue d'alarmes. Je me plaquai autant que possible contre le poteau, ce qui détendit quelque peu les chaînes. Je me remis à tirer de toutes mes forces. Soudain, j'entendis le bruit du moteur du pick-up dans l'allée. *Il revient !* Je me hâtai d'enfiler le casque et fis de mon mieux pour repositionner les cordons autour de mes poignets, comme précédemment.

Moins de deux minutes plus tard, j'entendis le type descendre lourdement l'escalier. Puis il alluma la lumière.

— Pourquoi as-tu retiré tes attaches ? s'écria-t-il. Je pensais pouvoir te faire confiance... mais maintenant, je vais devoir te punir.

Il s'empara d'un tuyau métallique et l'agita sous mes yeux.

— Si tu cries, je t'enfonce ça dans la gorge !

Je n'émis pas le moindre son. Il détacha les chaînes, retira le casque et m'arracha mon tee-shirt et mon slip.

Il m'est aujourd'hui encore très pénible de repenser à ce qui se déroula durant les trois heures qui suivirent. Il ne se contenta pas de me violer comme il l'avait fait au premier étage ; il détruisit totalement mon cœur, du moins le peu qu'il en restait après ce que j'avais enduré durant mon enfance et mon adolescence. Il me força à faire des choses qu'il m'est trop douloureux de décrire, des choses que je n'avais jamais faites et que je ne referais plus jamais. Je ne pouvais pas hurler. Ni prier. Ni même implorer Dieu de m'aider à retrouver Joey. Le traumatisme fut tel que je ne fus pas en mesure de réagir autrement qu'en demeurant inerte, comme morte. En un sens, il me semble que l'on n'a pas d'autre choix que de laisser mourir une partie de soi pour traverser une telle épreuve. C'est la seule façon d'y survivre.

Quand il eut terminé, il me retourna sur le dos d'un coup de pied, puis il me jeta une fois encore quelques billets.

— Je te paierai, tant que tu seras ici, dit-il, avant de désigner le lave-linge. Je garderai ton argent là-dedans.

Il se leva et m'observa un long moment. Mes lèvres tremblaient et j'avais les yeux bouffis. Des filets de sueur et de sang ruisselaient sur mon corps. Je tournai la tête vers le mur, afin de ne pas avoir à regarder ce monstre. Il laissa passer quelques minutes de silence.

— Tu resteras ici jusqu'à m'avoir prouvé que je peux te faire confiance, dit-il enfin. Alors, peut-être, tu pourras monter au rez-de-chaussée.

Il m'enchaîna de nouveau au poteau et me remit le casque sur la tête. Puis il éteignit la lumière et sortit de la pièce. Je me retrouvai dans l'obscurité totale. Brisée. Seule. *Je vais mourir ici. Je ne serrerai plus jamais mon Joey dans mes bras.*

J'étais si endolorie et si épuisée que je me sentis de nouveau perdre conscience. Appuyée contre le poteau, je tentai de respirer un peu mieux, malgré le casque, tout en priant pour que ce soit juste un cauchemar et que je me réveille bientôt.

*

* *

Des bruits de pas me sortirent du sommeil. Boum. Boum. Boum. Malgré l'épaisseur du casque, j'entendis le type descendre au sous-sol. Après ces premières heures, je n'ai plus jamais employé son nom ni son prénom. Pour moi, un tel monstre n'en méritait pas ; je me suis donc mise à l'appeler le « type ».

Il m'ôta brusquement le casque. Il portait un tee-shirt bleu et un bas de survêtement en piteux état. Ne le voyant pas vêtu du même jean crasseux que précédemment, je compris que le matin était arrivé. Il était chargé d'une assiette remplie de nourriture et d'un verre d'eau, qu'il posa sur une table avant de s'approcher de moi. Il puait le poisson pourri.

— Il faut que tu manges, sinon tu vas mourir, me dit-il.

Tu t'inquiètes de me voir mourir, maintenant ? songeai-je. *Pauvre débile !*

— Je sais que tu ne veux pas manger ce que je t'apporte, mais je vais te prouver que tu ne risques rien. (Il plaça l'assiette sous mon nez ; elle contenait des spaghettis avec une sauce rouge.) C'est ma mère qui les a faits. Regarde, je vais en prendre un peu.

Il prit quelques pâtes avec la fourchette et les enfourna dans sa bouche.

— Tu vois, il n'y a pas de problème, dit-il, mâchant bouche ouverte, tandis qu'un peu de sauce coulait sur son menton.

Je redoutais qu'il ne cherche à me piéger mais je mourais de faim. Combien de jours s'étaient-ils écoulés depuis que j'avais avalé la Pop Tart avant de partir pour mon rendez-vous ?

Il porta la fourchette à hauteur de ma bouche. Je pris une minuscule bouchée ; c'était plutôt bon. Voyant que j'avalais les spaghettis, il en piqua une plus grosse portion et la glissa entre mes dents. Je commençai par mâcher lentement, avant d'augmenter le rythme. Il me nourrit ainsi, jusqu'à ce que j'eusse vidé l'assiette. *Je vais peut-être mourir mais, au moins, ce ne sera pas le ventre vide.* Il se saisit du verre posé sur la table.

— Tiens, bois un peu, dit-il, portant le verre à mes lèvres.

J'en bus le contenu si vite que je manquai de m'étouffer.

Cette fois, avant de repartir, il donna du mou à mes chaînes, de façon à me permettre d'atteindre les toilettes. Par « toilettes », j'entends un seau vert, ni plus ni moins, qu'il disposa près du poteau.

— Sers-toi de ça quand tu voudras te soulager, dit-il.

Il farfouilla un moment dans la pièce et revint avec un morceau de carton, qu'il posa sur le seau. Sans doute cet accessoire était-il censé contenir les odeurs. Avoir des toilettes me fit néanmoins l'effet d'une bonne nouvelle. Quand on vous a volé votre vie, le confort le plus sommaire vous ravit facilement.

*
* *

On perd la notion du temps quand on vit dans l'obscurité. *Sommes-nous lundi ? Vendredi ? Mardi ? Dimanche ? Depuis combien de jours suis-je ici ?* Comme on ne voit presque rien, le moindre son, la moindre odeur devient un indice. Entendre le radioréveil du type sonner, juste au-dessus de moi, me permettait de deviner qu'une journée commençait, surtout si je sentais une odeur de café juste après. En entrant dans la maison, le premier jour, je n'avais pas repéré l'endroit où il dormait ; à présent, cette sonnerie m'indiquait qu'il passait probablement ses nuits au rez-de-chaussée, peut-être dans la petite pièce que j'avais cru apercevoir au fond de la cuisine. J'entendais régulièrement de l'eau couler dans les canalisations, comme s'il prenait une douche, ce qui ne devait pas lui arriver plus d'une fois par semaine, car il puait en permanence.

Le bruit suivant était généralement le claquement de la porte du fond, puis son pick-up reculant dans l'allée. Une vingtaine de minutes plus tard, le pick-up revenait, la porte de la cave s'ouvrait et il descendait les marches. Il ne me disait pas grand-chose, se contentant de me nourrir d'un Egg McMuffin et de me faire boire du jus d'orange. C'était parfois mon unique repas de la journée. *Quand j'entends le pick-up s'en aller, c'est donc qu'il va au McDonald's.* Il s'y rendait presque tous les matins ; c'est ainsi que le sous-sol fut rapidement jonché d'emballages jaunes.

Quand il descendait me voir le matin, il portait la plupart du temps le même uniforme : chemise bordeaux, pantalon noir et rangers noirs. Emily m'ayant dit que son père était chauffeur de bus, je savais, lorsque je le voyais ainsi, qu'il était sur le point de partir travailler. Je l'entendais peu après démarrer le pick-up. Grâce à la lucarne du sous-sol, on percevait tout ce qui se passait dans l'allée. Plusieurs heures plus tard, le pick-up était de retour et la porte de la maison s'ouvrait ; il était rentré du travail. J'entendais alors assez vite des gémissements : il regardait un film porno. Il lui arrivait également d'écouter de la salsa. Dans les deux cas, il mettait le volume à fond.

Deux heures plus tard, il avait pour habitude de descendre au sous-sol, vêtu d'une chemise en flanelle et d'un jean. Il puait souvent le rhum, la bière ou l'herbe. Il fumait beaucoup de marijuana, dont l'odeur se répandait partout dans la maison. Quand il parvenait au bas des marches, il avait parfois la braguette ouverte et son attirail sorti, généralement en érection, comme s'il avait déjà commencé à se tripoter. Si toutes ces choses se déroulaient dans cet ordre, je savais que sa journée de travail venait de se terminer.

C'est la nuit qu'il me faisait subir les pires sévices. En fin de journée, quand j'entendais le bruit de ses rangers dans l'escalier, je tâchais de me préparer à trois ou quatre heures de torture – mais comment se préparer à l'enfer ? La seule façon pour moi d'y survivre était de faire comme si rien ne se produisait.

La nuit ou le week-end, il lui arrivait de se présenter avec un peu plus de nourriture. Cela pouvait être n'importe quoi mais c'étaient généralement des restes, comme une part de pizza desséchée, des haricots gâtés avec du riz durci, un yaourt tiède ou un taco rassis. Que des abominations.

— Tu as intérêt à m'obéir si tu veux manger autre chose aujourd'hui, lançait-il.

Sans même m'accorder une bouchée, il me détachait et me projetait sur la pile de vêtements sales, où il me faisait subir les pires atrocités. Pendant qu'il s'activait, je faisais tout pour penser à des choses qui me rendaient heureuse. *À n'importe quoi*. Il m'arrivait de revivre le Noël au cours duquel j'avais offert un ballon de football à Joey. Ou le jour où Roderick m'avait offert ce beau *hijab*. Ou encore celui où ma cousine April et moi nous étions tant amusées à la patinoire. Je me concentrais aussi sur le goût des frites d'Arby's, qui me manquaient tant, et je repensais aux chansons que j'aimais.

— *Les roues de l'autobus tournent, tournent... tournent, tournent... tournent, tournent*, chantonnais-je à voix basse.

Cette comptine me rappelait le doux sourire de Joey, ainsi que son petit nez retroussé. Il m'arrivait également de fredonner *Que chaque voix, chaque chant s'élève...*, l'hymne afro-américain, ou *Angel of Mine*, le splendide air chanté par le chœur gospel de l'église baptiste que je fréquentais à l'époque où je vivais sous le pont. Le type était si occupé à me torturer qu'il ne m'entendait même pas.

Il m'arriva souvent, au cours de ces nuits, de me retrouver à court d'idées de chansons ou de pensées avant que les pilonnages ne cessent. Après avoir remonté sa braguette, le type aimait s'asseoir et me malmener verbalement.

— On ne te recherche même pas, crachait-il, un sourire cruel aux lèvres. Je n'ai pas vu un seul avis de recherche dans le quartier, ni la moindre allusion à ta disparition dans les journaux. Je peux faire ce que je veux de toi ; tout le monde s'en fout.

Je tâchais de faire comme si je ne l'écoutais pas, mais ses mots me réduisaient en miettes. Je le haïssais pour ce qu'il me disait, et ce d'autant plus que j'avais le sentiment qu'il avait raison. Quelqu'un s'inquiétait-il seulement de mon sort ? De nombreuses personnes m'avaient vue sortir du Family Dollar en compagnie du type ; si ma famille avait posé des avis de recherche dans le quartier, pourquoi personne n'avait reconnu ma photo et dit à la police que j'étais montée dans son pick-up ? Imaginer que personne ne s'était lancé à ma recherche me fit sombrer encore plus, si c'était possible.

Régulièrement, je glanais des indices quant au jour de la semaine. Ivre et trop bavard, le type m'apprit ainsi qu'il faisait partie d'un vague groupe de salsa.

— Je suis le guitariste, précisa-t-il en souriant, comme s'il venait de remporter un trophée. C'est vraiment un bon groupe.

« J'ai l'air de m'intéresser à ton groupe à la con ? », aurais-je voulu hurler. J'étais enchaînée à un poteau, dans un sous-sol miteux, vêtue d'habits sales et ensanglantés, couverte de marques rouges dues à mes entraves et les bras et les jambes tatoués d'hématomes consécutifs à ses sévices. Comment ce salopard pouvait-il imaginer que j'avais quelque chose à foutre de son putain de groupe ? Je me contentai de hausser les épaules.

Il vint me trouver en fin de journée, deux semaines plus tard.

— Les gars du groupe viennent ici ce soir, dit-il. Tu as intérêt à ne pas faire un bruit.

C'était un samedi. J'en suis à peu près certaine, car c'était la première fois depuis cinq jours qu'il ne portait pas sa tenue de chauffeur de bus.

Un peu plus tard, ce soir-là, j'entendis Maxine aboyer dans le jardin. Elle devenait folle chaque fois que quelqu'un approchait de la maison. Je perçus ensuite des voix masculines, je dirai cinq ou six, puis ces gens se mirent à parler très vite en espagnol. Quelques minutes plus tard, j'entendis de la musique. Je reconnus une batterie, un tambourin et une guitare. Ils se mirent à chanter très fort, toujours en espagnol. Même si j'avais été en mesure de crier sous mon casque, jamais ces gens n'auraient pu m'entendre ; ils jouaient bien trop fort et j'étais bien trop loin d'eux. Autant qu'il me fut possible d'en juger, ils revinrent tous les samedis, ce qui me permit de me repérer autrement dans la semaine. Mais, à vrai dire, savoir quel jour nous étions ne changeait en rien la façon douloureuse dont se concluait chaque journée.

*

* *

Que fait-on quand on passe tant d'heures dans l'obscurité ? On commence à devenir fou, voilà ce qu'on fait. Il m'arrivait de parler à Joey comme s'il s'était trouvé dans cette cave, à mes côtés.

— Comment ça va, mon petit nounours ? Viens faire un bisou à maman.

Je passais beaucoup de temps à me creuser les méninges afin de trouver une façon de me libérer des chaînes ; hélas, après avoir compris, dès le premier jour, que j'avais réussi à me défaire des cordons torsadés, le type fit en sorte que cela ne se reproduise plus. Je n'avais donc rien d'autre à faire que de rester assise dans le noir, en essayant de ne pas devenir cinglée. Je dormais beaucoup. Quand je le croyais parti travailler, je tapais le casque contre le poteau et faisais se racler les chaînes, dans l'espoir qu'un voisin m'entende et prévienne la police. Entre-temps, je priais énormément, parfois des heures durant. Je me souvenais du verset de la Bible que le pasteur de l'église baptiste lisait souvent.

« Quand je marche dans la vallée de l'ombre de la mort, je ne crains aucun mal, car Tu es avec moi… »

Si les voisins ne m'entendent pas crier, peut-être que Dieu, Lui, m'entend, me disais-je.

Mais, alors que les jours devenaient des semaines, et les semaines, des mois, je commençai à me demander si Dieu ne m'avait pas Lui aussi oubliée.

*

* *

Il me garda prisonnière dans ce sous-sol durant ce qui me parut des mois. Je tentais de faire le décompte des jours dans ma tête. *Un jour. Sept jours. Treize. Trente-sept. Soixante et un. Quatre-vingt-dix.* La chaleur étouffante finit par être remplacée par un froid mordant. Comme je ne m'alimentais qu'une ou deux fois par jour, je perdis beaucoup de poids. Chaque semaine, le type devait resserrer davantage les chaînes.

Pas une fois, au cours de cette période passée au sous-sol, je n'eus le loisir de me laver ou de prendre une douche. Quand j'avais mes règles, le type jetait quelques serviettes en papier à mes pieds.

— Sers-toi de ça, disait-il.

Je faisais de mon mieux pour les enrouler afin d'en faire des tampons, mais il ne m'en donnait jamais assez, si bien que j'étais couverte de taches de sang. J'avais également tant de son sperme séché dans les cheveux qu'ils étaient durs comme de la pierre quand je les touchais.

Comme le seau vert n'était quasiment jamais vidé, une odeur de merde régnait dans ma prison. Je portais le même tee-shirt et le même slip que le jour de mon enlèvement. Ce dernier était si crasseux que, lorsque le type allumait la lumière, je ne distinguais plus ses jolis motifs de papillons. J'étais tout juste vivante physiquement, et totalement brisée mentalement.

J'étais parfois si épuisée que je finissais par m'endormir. Il m'arrivait de rêver de Joey, toujours le même rêve. Il s'approchait de moi en bondissant mais, soudain, quelqu'un l'attrapait par le bras et l'éloignait. Je tentais de le retenir mais restais paralysée. Il se volatilisait peu à peu, je hurlais son prénom… et je reprenais conscience.

Chaque fois que je me réveillais, la réalité me frappait de nouveau de plein fouet. J'ouvrais les yeux et me rappelais que je me trouvais au sous-sol de la maison du type. Je sentais les chaînes qui me mordaient la chair. Je retombais dans le désespoir, lorsque je tentais, une fois encore, de me débarrasser de mes liens, et comprenais finalement que je ne pouvais pas me libérer.

Quand mon estomac grondait, je me laissais aller à rêver de mes plats préférés. J'imaginais une portion de frites géante nappée de sauce piquante, brûlante et exhalant un merveilleux parfum. En pensée, je prenais mon temps et mordillais chaque frite sur toute sa longueur, jusqu'à vider le cornet.

Je revoyais également les plats offerts par l'église : les macaronis crémeux au fromage, la peau de poulet croustillant sous mes dents, ou encore ces biscuits au babeurre, aussi doux qu'un oreiller, fourrés de beurre doré et fondant.

Je pensais tellement à la nourriture que, lorsque j'ouvrais les yeux, il me fallait une bonne minute pour réaliser que je ne me trouvais pas au sous-sol de l'église baptiste, entourée de toutes ces gentilles dames qui me servaient et resservaient, mais dans celui, immonde, de la maison d'un psychopathe surpassant tous les salauds que j'avais côtoyés au fil de mes lectures de romans d'épouvante.

En fait, je suis en train de vivre un roman d'épouvante.

11
Lobo

— Aujourd'hui, tu peux monter au premier étage, me dit le dingue, dressé devant moi sous le faible éclairage du sous-sol.

Comme il ne portait pas sa tenue de chauffeur, nous devions être samedi. Ce matin-là, en l'entendant descendre les marches, j'avais imaginé qu'il allait me donner un peu de nourriture, comme il le faisait d'habitude. Plus ou moins endormie sous mon casque, je fus surprise de l'entendre parler. Il me détacha et m'ordonna de me lever. Les jambes transpercées par un million d'aiguilles au fur et à mesure que la circulation sanguine s'y rétablissait, je me sentis en proie à des nausées et dus m'aider du poteau pour trouver mon équilibre.

— Suis-moi, dit-il.

Va-t-il finalement me laisser partir ? me demandai-je, commençant à m'enflammer. Il avait déjà évoqué l'éventualité de me libérer pour Noël ; avais-je été retenue plus longtemps que je ne l'avais présumé ? *Peut-être me fait-il enfin confiance. Peut-être vais-je sortir d'ici, après tout !*

— Dépêche-toi, me lança-t-il.

Il m'agrippa par le bras et m'arracha du poteau. Bien qu'à peine capable de bouger après être restée si longtemps enchaînée, je trouvai la force d'avancer. Il ne m'offrit pas la moindre explication, et je savais qu'il aurait été stupide de lui poser des questions. Sa main refermée sur mon bras, je le suivis vers les marches, me frayant un chemin entre les emballages de fast-food froissés et les outils graisseux, puis dans l'escalier, m'appuyant contre le mur pour ne pas m'effondrer.

Il ouvrit la porte donnant sur le rez-de-chaussée. *La lumière du jour !* Je me couvris les yeux des deux mains. La clarté du soleil après être restée si longtemps dans l'obscurité me brûlait véritablement les yeux ! Je m'immobilisai une minute en entrant dans la cuisine et, pour je ne sais quelle raison, il m'accorda cette pause. Prise de vertige dans un premier temps, tout me parut flou, jusqu'à ce que mes yeux s'accoutument à la luminosité. Il faisait nettement plus chaud dans la cuisine qu'au sous-sol. Je me frottai les bras sous mon fin tee-shirt.

— On monte dans la chambre, dit-il, désignant la cage d'escalier.

J'étais terrifiée à l'idée de ce qui m'attendait là-haut cette fois. J'étais persuadée que, s'il devait me tuer, il le ferait plutôt au sous-sol. Cependant, le type était si détraqué qu'aucune logique n'était de mise. Je me mis à claquer des dents quand il me poussa vers les marches.

Nous retournâmes dans la chambre rose, où il m'avait attachée le premier jour. Les poteaux avaient disparu, tandis qu'un vieux matelas traînait dans un coin. À côté se trouvait un seau surmonté d'un carton, dont je devinais évidemment l'utilité. Sur le matelas, une très longue chaîne munie d'un cadenas avait été passée par des trous percés dans le mur, en hauteur.

— Va là-bas, me dit-il en me poussant vers ce coin.

Il m'enroula de plusieurs tours de chaîne et l'attacha au radiateur, près du matelas. Elle était si serrée que, si je pouvais m'asseoir ou m'allonger, je ne pouvais pas du tout me lever.

— Tu vas rester ici un moment, me révéla-t-il.

J'aurais voulu lui cracher au visage mais je m'en abstins, consciente que cela m'aurait valu d'être réexpédiée au sous-sol. Au premier étage, j'avais au moins de la lumière.

Après avoir vérifié la résistance de la chaîne, il retira son jean et me viola de nouveau.

— Pourquoi vous me faites ça ? sanglotai-je, en essayant de le repousser. Arrêtez, je vous en prie ! Vous n'êtes pas obligé de faire ça ! Laissez-moi partir, je vous en supplie !

— La ferme ! hurla-t-il.

— Laissez-moi partir ! Laissez-moi revoir mon fils !

— Je m'en fous, de ton fils ! cracha-t-il en me plaquant sur le matelas.

— Mais je suis une amie de votre fille ! dis-je, déterminée à tout tenter pour qu'il m'écoute.

— Elle me haïra si elle découvre ce que j'ai fait.

Il plaqua sa grosse main sur ma bouche et se remit à me violer. Il était si lourd et j'étais si chétive… Je n'avais pas l'ombre d'une chance de le repousser.

Quand ce fut terminé, il se mit à parler, beaucoup plus longtemps qu'il ne l'avait jamais fait au sous-sol. Il étendit son corps massif en travers du matelas, si près de moi que je sentais son haleine puante sur mon visage. *Je ne suis pas ta nana, mec !* C'était ça, le plus fou, avec ce con : alors qu'il me frappait sur la tête et me faisait subir des choses affreuses, il était capable une minute plus tard de se comporter comme si nous étions de grands amis, comme si j'étais sa copine ou sa femme.

— Tu sais, je me faisais tout le temps frapper par des petits Noirs, dit-il.

Je tentais de ne pas l'écouter mais c'était difficile, vu que son visage n'était qu'à cinq centimètres du mien.

— Ils se moquaient de moi parce que j'étais gros. Un jour, ils m'ont tabassé et plongé la tête dans les toilettes.

Il s'étendit longuement sur la haine qu'il vouait aux Noirs, sur la copine qu'il avait eue après le départ de sa femme, sur les gens qui l'avaient violé quand il était enfant, sur les films pornos, qu'il adorait regarder, et sur les blondes, sur lesquelles il fantasmait.

— Qu'est-ce que j'aurais aimé choper la petite JonBenet Ramsey ! dit-il. Ç'aurait pu être moi, si un autre salopard ne l'avait pas repérée le premier.

Son sourire me donna envie de lui briser les dents à coups de poing.

Une autre fois, il fit le même genre de commentaire dégueulasse sur Elizabeth Smart, une jeune fille enlevée deux mois avant moi, au début de l'été 2002.

— Je sais, je suis taré, dit-il. Je me fais horreur.

— Alors pourquoi faites-vous tout ça ? lui demandai-je d'une voix tremblante. Ce n'est pas parce que vous avez été maltraité qu'il faut faire subir la même chose à d'autres innocents.

Il resta silencieux une minute avant de répondre :

— Je ne peux pas m'en empêcher ; il faut que je te fasse souffrir.

— Vous êtes malade.

Il fronça les sourcils.

— Mais les gens comme vous peuvent être aidés. Pourquoi ne me laissez-vous pas partir, pour que je vous trouve de l'aide ? Je ne dirai à personne que vous m'avez enlevée. Laissez-moi seulement partir et nous oublierons tout ce qui s'est passé.

L'espace d'une minute, il donna l'impression de réfléchir à ma proposition. Je retins mon souffle. Puis il grimaça, ce qui doucha tous mes espoirs.

— Je ne peux pas faire ça, dit-il en secouant la tête. Tu vas devoir rester ici avec moi un bon moment.

Je me mis à pleurer.

— Je veux seulement retrouver Joey ! Il n'a que deux ans, je sais que je lui manque ! Vous ne pouvez pas juste me laisser partir ?

Il resta silencieux un long moment, ce qui me fit espérer en dépit du bon sens qu'il avait conservé un peu d'humanité en lui.

— Ne pleure pas, dit-il enfin. Tu n'as pas à être triste. Je veux que tu sois heureuse ici, avec moi. Nous sommes censés former une famille.

Je n'en crus pas mes oreilles. Ce dégénéré m'avait enlevée, il me frappait et me violait tous les jours... et il nous considérait comme une famille ? Il n'était pas seulement malade, il était complètement givré. Il vivait dans son monde, dans ses fantasmes, et il fallait que je trouve une façon de m'en échapper. Je fis semblant de m'endormir, espérant que cela l'inciterait à sortir de la chambre, mais il s'assoupit, son gros bras poilu en travers de mon ventre, et il se mit à ronfler. Lentement, je tentai de remuer les chaînes, afin de vérifier si elles résistaient, mais chaque fois que je bougeais d'un centimètre, il grognait et resserrait sa prise sur moi.

Enfin, l'après-midi venu, il finit par se réveiller.

— N'essaie même pas de crier, sinon je te descends, dit-il en s'en allant.

Oh, mon Dieu, il a une arme. Il claqua la porte et, peu après, j'entendis le pick-up démarrer.

Je me redressai sur le matelas et observai les deux cadenas qui maintenaient mes chaînes en place. L'un comportait une combinaison et l'autre s'ouvrait avec une clé. Bien qu'ayant effectué de nombreuses tentatives au sous-sol, je me dis que cette fois je pourrais peut-être ouvrir le cadenas à combinaison. J'en tentai plusieurs : l'anniversaire de Joey, le mien, des nombres au hasard, tirant violemment chaque fois, en vain.

Après avoir passé une heure à tripoter le cadenas, je tournai la tête vers la fenêtre et constatai que le soleil se couchait. Je me mis alors à prier, avec une ferveur dépassant tout ce que j'avais ressenti au cours de ma vie.

— Mon Dieu, aidez-moi à échapper à ce malade, je Vous en supplie, dis-je, les larmes roulant sur mon visage. Il faut vraiment que Vous me fassiez sortir de cette maison. Il faut que je revoie mon fils. S'il Vous plaît, mon Dieu, s'il Vous plaît…

Je répétai ces prières jusqu'à ce qu'il fasse nuit noire, puis je finis par m'endormir.

Le lendemain matin, je fus réveillée par le bruit des rangers du type dans l'escalier. Il ouvrit la porte de la chambre, un marteau et des clous dans les mains. Il sortit de sa poche un emballage jaune contenant un sandwich et me le tendit, puis il redescendit au rez-de-chaussée. J'engloutis le petit déjeuner, tout en tremblant à l'idée de ce que le type avait en tête. Que comptait-il faire avec ce marteau ? Avait-il imaginé quelque nouvelle torture ? Je l'entendis remonter, cette fois plus lentement. Avec un grognement, il ouvrit la porte d'un coup d'épaule et laissa plusieurs planches tomber au sol. La poche arrière de son jean était gonflée. J'en eus des sueurs froides.

— C'est pour quoi faire ? m'enquis-je d'une voix hésitante.

Il va construire mon cercueil ? Et cette bosse, dans sa poche, c'est un pistolet ?

Il me lança un sourire sadique et plongea la main dans la poche arrière de son pantalon. En cet instant précis, j'étais sûre que j'allais mourir.

Mon Dieu, débrouillez-Vous pour faire savoir à Joey que je l'ai aimé, que je n'ai jamais cessé de penser à lui, qu'il a été la lumière de ma vie…

Le type sortit quelque chose de sa poche ; j'aperçus fugitivement l'éclat métallique d'une arme. *Oh, mon Dieu, ça y est, je vais mourir…*

Il me braqua avec son pistolet… Il me fallut une bonne minute pour me rendre compte qu'il s'agissait d'une perceuse sans fil.

— Tu vas m'aider à condamner toutes ces fenêtres, dit-il. Prends une planche et tiens-la, le temps que je perce des trous.

Je fus si soulagée de comprendre qu'il n'avait pas l'intention de me tuer que je me sentis toute faible. Il me détacha et m'obligea à l'aider à condamner toutes les fenêtres du premier étage, d'abord celles de la chambre rose, où j'avais été suspendue dans un premier temps, puis celles de la chambre blanche, qui communiquait avec la précédente. Il y avait deux autres pièces à l'autre bout du couloir : une autre rose et une bleue, dans lesquelles il me força à maintenir en place les planches pendant qu'il perçait des trous et les fixait avec de longs clous. Quand ce fut chose faite, il m'enferma dans la chambre bleue. Le moral au plus bas, je compris

À l'école maternelle.

Au CP.

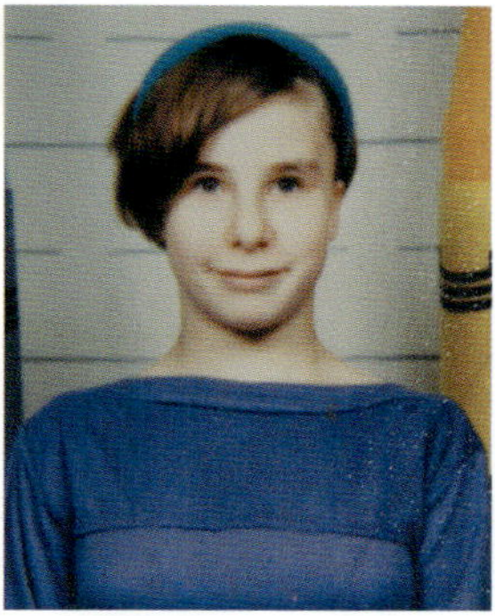

Au CM2.

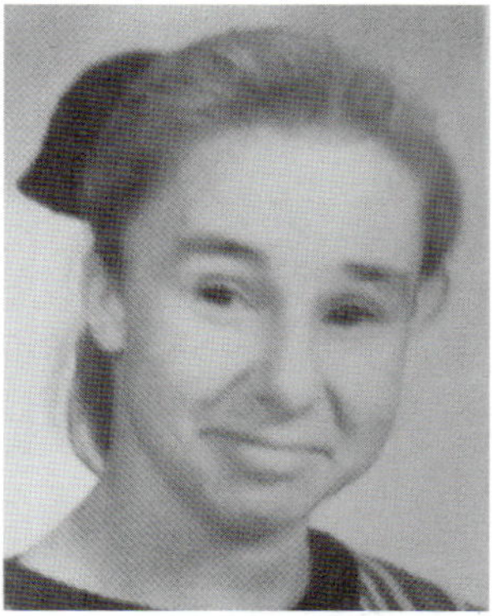

Au collège.

En troisième.

En haut : L'une des maisons dans lesquelles j'ai habité avec ma famille.
Ci-dessus : Le pont sous lequel j'ai vécu lorsque j'étais sans abri.
(Les deux photos avec l'aimable autorisation de Robert Friedrick.)
Ci-dessous : La maison d'Ariel Castro. *(© AP Images/Tony Dejak)*

Ci-dessus, à gauche : L'imposant casque de moto que le type m'avait mis sur la tête.
(© AP Images/Tony Dejak)
Ci-dessus, à droite : La perruque dont il m'a affublée lorsqu'il me fit sortir sur le perron.
(© AP Images/Tony Dejak)
À gauche : L'horrible sous-sol où il m'a enchaînée à un poteau.
(© AP Images/Tony Dejak)

Ci-dessus : Le matelas, dans la chambre rose, où il m'a torturée pendant des années.
(© AP Images/Tony Dejak)
À droite : Les chaînes fixées au mur de la chambre rose.
(© AP Images/Tony Dejak)
Ci-dessous : Les chaînes et les cadenas.
(© AP Images/Tony Dejak)

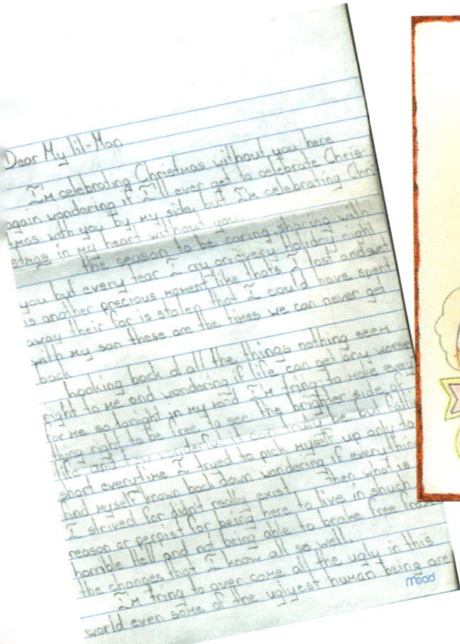

Dear My lil-Man
I'm celebrating Christmas without you here
again wondering if I'll ever get to celebrate Chris-
tmas with you by my side, but I'm celebrating Chr
things in my heart without you.
the season to be caring sharing with
you but every tear I cry on every Holiday night
is another precious moment like that's I lost and
away their for is stolen that I could have spent
with my son these are the times we can never get
back
Looking back at all the things nothing seem
right to me and wondering if life can get any worse
for me so tonight in my head I'm tring to make every
thing right to be free to see the brighter side of
life and [illegible] but fall
short everytime I tryed to pick myself up only to
find myself knowen back down wondering if everything
I strived for didn't really exist then what is
reason or perpist for being here to live in shuch
horrible Hell and not being able to brake free from
the changes that I know all so well.
I'm tring to over come all the ugly in this
world even some of the uglyest human being are

L'une de mes nombreuses cartes illustrées d'un dessin envoyées à Joey pour Noël.
(Avec l'aimable autorisation de Michelle Knight.)

La chambre blanche, qui communiquait avec la chambre rose.
(© AP Images/Tony Dejak)

La salle de bains crasseuse du type.
(© AP Images/Tony Dejak)

L'escalier qui descendait au rez-de-chaussée, fermé par un épais rideau.
(© AP Images/Tony Dejak)

L'alarme que le type avait installée sur la porte d'entrée.
(© AP Images/Tony Dejak)

Lors de mon témoignage contre le type, au tribunal.
(© AP Images/Tony Dejak)

Avec l'un de mes héros, le Dr Phil.
(Avec l'aimable autorisation du « Dr. Phil Show »/Jared Manders.)

Avec l'un de mes amis le pasteur Angel Arroyo Jr.
(Avec l'aimable autorisation de Luiz Gonzalez Sr.)

Avec mon avocate Peggy et mon amie Tricia.
(Avec l'aimable autorisation de Deborah Feingold.)

Lors de ma première comédie musicale à Broadway, *Kinky Boots*, avec l'acteur Billy Porter, qui interprétait Lola.
(Avec l'aimable autorisation de Lacy Lalene Lynch.)

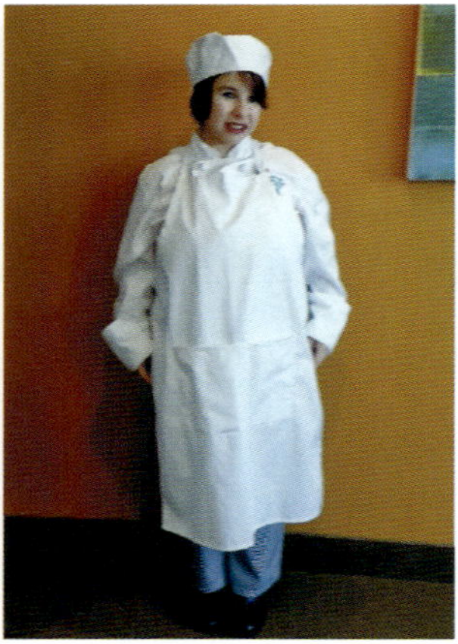
Me voici à l'école de cuisine.
(Avec l'aimable autorisation de Linda Fazio.)

Je suis si heureuse de pouvoir entamer ma nouvelle vie !
(Avec l'aimable autorisation de Lacy Lalene Lynch.)

qu'il construisait une prison… et qu'il s'assurait par tous les moyens que je ne puisse jamais en sortir.

*

* *

J'étais enfermée dans la chambre bleue depuis environ deux semaines quand je me remis à parler à Joey. D'après mes calculs, nous n'étions pas loin de Thanksgiving, peut-être même déjà début décembre, ce qui signifiait que Noël approchait. Le salopard ne semblait toutefois pas sur le point de me libérer, comme il l'avait déclaré au début de ma captivité ; à vrai dire, il n'avait jamais abordé le sujet de nouveau. Au lieu de cela, il m'annonça un jour qu'il ne me laisserait partir qu'après avoir enlevé deux autres filles. Puis il redescendit au rez-de-chaussée après avoir vérifié mes chaînes.

Oh, mon Dieu, il projette d'enlever d'autres personnes ! songeai-je, espérant qu'il se ferait prendre et arrêter. Une autre pensée me vint aussitôt à l'esprit. *Va-t-on me retrouver, s'il se fait jeter en prison ? Ou vais-je mourir de faim dans cette chambre ? La police trouvera-t-elle d'ici un an une carcasse décomposée retenue par des chaînes ? Saura-t-on au moins qui je suis ? Qu'a-t-il donc fait de mon sac ? Sera-t-on seulement capable d'identifier mon cadavre ?* J'étais certaine que le type s'était débarrassé de mon portefeuille, qui contenait ma carte d'identité et une photo de Joey bébé.

Je tâchai de m'organiser ; puisque je n'allais pas être libérée de sitôt, je fis de mon mieux pour occuper le temps. Je repensai au jour où Joey avait fait ses premiers pas. À onze mois, il trottinait dans la maison, en s'aidant des bords des tables et des chaises, et je le promenais en lui tenant la main.

Il aimait s'amuser à rebondir sur ses fesses, quand il était assis par terre, comme s'il s'entraînait à se lever.

— Allez, Joey ! lui lançai-je, assise sur une chaise, un après-midi, tandis qu'il sautillait ainsi sur son arrière-train. Tu peux y arriver ! Viens voir maman !

Un grand sourire aux lèvres, avec ses deux petites incisives qui pointaient, il se leva de lui-même et fit un pas vers moi. Puis un autre. Je retins mon souffle, ne voulant surtout pas le distraire en lui parlant. Il fit encore deux pas et retomba sur ses fesses, chute qui fut amortie par sa couche. Il eut un air étonné puis fondit en larmes.

Je le pris aussitôt dans mes bras.

— Tu as réussi, mon nounours ! dis-je en l'étreignant. Tu as fait tes premiers pas !

Il cessa de pleurer et me regarda, les cils humides. Ses grands yeux marron étaient si beaux.

— C'est formidable ! Tu vas devenir un champion de football ! Je vais t'acheter un ballon cette année !

Soudain, une ombre se matérialisa dans le cadre de la porte. Le type entra dans la chambre. Je me rendis compte que j'avais parlé à voix haute.

— À qui tu parlais, bon sang ? cria-t-il.

— À Joey. Je lui parle tous les jours.

Il me dévisagea comme si j'avais perdu l'esprit.

— Tu n'es vraiment qu'une petite pute complètement cinglée, dit-il.

C'est l'hôpital qui se moque de la charité.

— Arrête de parler à des gens qui ne sont pas là ! ajouta-t-il.

Une idée me vint à l'esprit :

— Je n'aurais pas à parler à Joey si vous me donniez enfin le chiot que vous m'avez promis.

Dès lors, chaque fois que l'occasion se présentait, je lui rappelais le prétexte dont il s'était servi pour me faire entrer dans cette maison, estimant qu'un chien, à défaut d'autre chose, m'aiderait à passer les interminables heures durant lesquelles je restais enchaînée avec quatre murs bleus pour unique compagnie ; les fenêtres étant condamnées, je ne pouvais même pas voir voler les oiseaux ou suivre la course des nuages dans le ciel.

Ma ruse fonctionna doublement. Quelques jours plus tard, le type posa un vieux poste de radio sur le matelas et le brancha sur une prise murale.

— Je sais que tu t'ennuies, dit-il. Tu pourras écouter la radio de temps en temps, mais pas trop fort, sinon je la reprends. Et pas de musique de nègres.

J'étais si enthousiaste que je prêtai à peine attention à ses stupides règles ; je possédais ma propre radio ! Avez-vous idée de ce que c'est que de ne pas écouter de musique pendant des mois ? De ne pas entendre la moindre voix humaine, en dehors de celle du type, que je ne considérais pas vraiment comme un être humain ? Après avoir réglé le volume au plus bas, je parcourus les stations, jusqu'à trouver la fréquence FM 97,1, ma préférée depuis toujours. J'aurais aimé danser dans la chambre, ce qui m'aurait fait faire de l'exercice, malheureusement, les chaînes étaient trop serrées pour me le permettre. Il ne m'était déjà pas facile de me servir du seau posé juste à côté du matelas.

Moins d'une semaine plus tard, j'eus une autre énorme surprise. Le type entra dans la chambre avec un carton dans les bras. J'entendis quelque chose gémir à l'intérieur. C'était un chiot !

— Tiens, c'est pour toi, me dit-il en posant la boîte par terre, près du matelas.

Il semblait ravi de m'offrir ce cadeau, comme si j'étais sa fille. Un minuscule pit-bull marron et blanc jaillit du carton.

— Assure-toi qu'il ne fasse ses besoins que dans la boîte, dit le type.

Je craquai pour ce petit chien court sur pattes dès son premier jappement. Je le nommai Lobo. Il était tout petit, comme moi ! Je lui appris à se soulager dans le carton. Quand le type montait, il se munissait d'un sac plastique, afin de ramasser et jeter dehors les crottes de Lobo. Il lui arriva ensuite à de nombreuses reprises de lui laisser faire ses besoins dans le jardin, puis de l'y enchaîner, le temps de remonter pour me violer. Pour tout vous dire, il s'occupait davantage du carton de Lobo que de mon seau, qu'il ne vidait presque jamais ! Une odeur de fosse septique régnait dans la chambre. Toutefois, elle me gêna moins à partir du moment où j'eus ce chiot. Chaque soir, Lobo se roulait en boule à côté de moi et nous nous endormions ensemble.

J'aimais ce chien de tout mon cœur. Profiter de sa compagnie dans ma prison illuminait mes jours. Dès qu'il se réveillait, le matin, il se mettait à fouiner dans mes oreilles avec son museau et à me lécher le visage ; je le posais dans sa boîte pour qu'il urine. Puis je l'en sortais et le prenais sur mes genoux pour caresser ses oreilles duveteuses ; il levait alors la tête vers moi, comme s'il m'adorait. Je lui disais tout ce que nous allions faire dans la journée, et peu importait pour lui que rien de tout cela ne se réalise.

— Hé, Lobo ! murmurai-je un jour, pour que le type ne m'entende pas depuis le rez-de-chaussée. On va enfin aller se promener, aujourd'hui ! Je vais te balader dans le quartier. Je te mettrai une laisse, pour ne pas que tu coures après les écureuils et pour éviter que tu te fasses renverser par une voiture. Il va falloir que je t'apprenne à marcher en laisse. Ensuite, on passera dire bonjour à ma cousine Lisa…

Je m'interrompis à ces mots. Ma famille me recherchait-elle, ou avait-elle renoncé ? Que faisaient Eddie et Freddie en cet instant ? Ils étaient déjà partis de la maison de ma mère quand je l'avais quittée ; se trouvaient-ils encore à Cleveland ? Où qu'ils soient, j'étais certaine que je leur manquais. Lobo leva la tête vers moi, l'air inquiet. Ce chien sentait tout ce que j'éprouvais, je vous le jure. Il était triste quand je pleurais, ravi quand je souriais.

— Ça va aller, mon petit bonhomme, dis-je en lui caressant la tête. Je vais bien. On fera cette promenade un peu plus tard.

Des bruits de pas se firent entendre dans l'escalier ; je remis aussitôt Lobo dans son carton.

— Tu ferais mieux de retourner dans ta boîte.

*

* *

Un soir, quelques mois après l'arrivée de Lobo, le type monta dans la chambre. Dès la première seconde, je vis qu'il était ivre ; il bafouillait, tenait à peine debout et empestait le rhum. Cette fois, il ne fit pas sortir Lobo avant de tenter de me grimper dessus.

— Amène ton cul par ici ! me lança-t-il. (Sans me laisser le temps de réagir, il m'attrapa par les cheveux et m'attira – toujours enchaînée – vers le bord du matelas.) Ce soir, tu vas faire tout ce que je vais te demander.

Lobo se mit à aboyer comme un fou quand il vit le type me molester.

— La ferme, stupide chien ! beugla-t-il.

Mais Lobo continua d'aboyer. Le type me gifla et me cria de faire taire mon chien. J'avais la joue en feu. Lobo se rua aussitôt sur le type, dont il essaya de mordre la jambe. Ce dernier l'attrapa avant qu'il ne plante ses dents dans sa chair.

Sans ciller, il lui brisa le cou de ses grosses mains. Lobo poussa un dernier jappement et tous les muscles de son corps se relâchèrent. Le type lança le cadavre brisé de mon chiot sur le matelas.

— Vous avez tué mon bébé ! hurlai-je. Sortez ! Sortez d'ici tout de suite !

Je me mis à le rouer de coups de poing, me fichant éperdument de ce qu'il me ferait subir ensuite.

Il sortit bel et bien de la chambre, mais avec moi et le cadavre de Lobo. Le carton contenant mon chien dans une main, il me détacha et m'entraîna au rez-de-chaussée.

— N'essaie surtout pas de bouger d'ici, dit-il, parvenu devant la porte du fond.

Il sortit dans le jardin et balança le corps de Lobo par-dessus la clôture. Bien que consciente qu'il me le ferait payer très cher, je me mis à pleurer et à crier aussi fort que je le pus en direction de la porte ouverte, non seulement parce que mon bébé était mort, mais également dans l'espoir que quelqu'un – n'importe qui – m'entende. Ce qui ne fut apparemment pas le cas.

12
Le jardin

Sans mon petit Lobo, les journées redevinrent d'interminables heures d'ennui. Il me restait la radio mais mon chiot me manquait terriblement. Je parlais à Joey tous les jours, et parfois aussi à Lobo.

— Tu es un bon garçon, lui disais-je, les yeux fermés et faisant comme s'il était sur mes genoux et que je caressais son poil si doux. Tu es mon gentil petit chien. Nous resterons toujours ensemble.

Je me demandais parfois si je le rejoindrais dans la mort, le cou également brisé par le fou qui me maintenait en captivité.

Un après-midi, le type monta et me détacha.

— Je vais te laisser t'asseoir sur le perron, à l'arrière de la maison, dit-il.

C'était ça, le plus fou, avec lui : on ne pouvait jamais prévoir ce qu'il allait faire d'une seconde à l'autre. Un jour, il m'offrait une radio et un chiot, un autre jour, il était saoul, se déchaînait, abusait de moi et tuait mon chien. L'homme qui m'avait violée pendant des années, quand je vivais chez mes parents, ne s'était jamais comporté de façon amicale – loin de là –, mais au moins j'avais toujours su à quoi m'attendre de la part de ce connard. Mais le type était si tordu qu'il était difficile de savoir comment réagir face à lui. Même quand il donnait l'impression de vouloir me faire plaisir – en me laissant sortir dans le jardin, par exemple –, je ne perdais pas de vue que je ne pouvais pas lui faire confiance.

Cela étant, je faisais tout pour l'inciter à avoir confiance en moi. J'y travaillais depuis un bon moment. Parfois, il claquait la porte de l'arrière de la maison, comme s'il partait travailler, puis il revenait un quart d'heure plus tard pour vérifier si j'avais bougé. Je tâchais de rester impassible quand il remontait dans la chambre, de façon à donner l'illusion que j'ignorais qu'il m'espionnait. Je savais qu'il n'était pas parti avant même de l'entendre s'approcher de ma porte. Il ne se rendait sans doute pas compte que le bruit du pick-up roulant dans l'allée me parvenait. Ainsi, quand il revenait en douce et jetait discrètement un coup d'œil dans la chambre, je restais allongée sur le matelas et faisais semblant de dormir. Je sentais qu'il m'observait par une fissure de la porte.

Je ne sais pas pourquoi il s'imaginait que je pouvais m'échapper. *Sérieusement, mec, deux énormes cadenas maintiennent en place les chaînes qui me retiennent prisonnière. Où crois-tu que je puisse aller, bon sang ?* Ce comportement était probablement à mettre sur le compte de sa folie, comme tant d'autres choses. Par ailleurs, je suis à peu près certaine qu'il cherchait à m'effrayer en testant mes limites. Il s'adonnait à un jeu psychologique et voulait me faire croire qu'il me rattraperait si je tentais de m'enfuir. Un jour, alors qu'il m'avait fait descendre avec lui dans la cuisine, je remarquai que la porte du fond était entrouverte, à mon avis intentionnellement. Je ne cherchai pas à m'y précipiter, consciente qu'il me retiendrait par les cheveux avant même que j'en atteigne le seuil. Je restai donc assise à la table de la cuisine, faisant mine de ne pas m'être rendu compte que la porte était ouverte.

En cet après-midi, juste avant de me permettre de sortir sur le perron, il jeta un grand tee-shirt vert et un bas de survêtement gris sur le matelas.

— Enfile ça, me dit-il.

Le tee-shirt était couvert de taches d'huile, et le bas de survêtement, beaucoup trop grand pour moi. Tous deux empestaient l'odeur du type – une horreur – mais, croyez-le ou non, ils puaient tout de même moins que moi ! Sous les yeux du type, je retirai mon tee-shirt et passai le vert, puis j'enfilai le bas de survêtement par-dessus mon slip orné de papillons.

— Suis-moi, dit-il.

Nous descendîmes au rez-de-chaussée et fîmes halte dans la cuisine, où il se mit à chercher quelque chose. C'est alors que j'aperçus pour la première fois l'endroit où dormait le type, une petite pièce située près de la cuisine. J'en vis l'intérieur car elle n'était pas pourvue de porte. J'y remarquai un téléviseur, un magnétoscope et un lit double. Ainsi qu'une guitare, posée dans un coin. *C'est sans doute avec ça qu'il joue dans son groupe*. Il n'y avait pas vraiment de place pour autre chose dans ce cagibi.

Il sortit d'un tiroir de la cuisine une perruque – un immonde amas de cheveux marron, longs et emmêlés – et une énorme paire de lunettes de soleil dont il m'affubla. Les cheveux synthétiques me piquaient – j'avais la sensation d'avoir du fil de fer dans la nuque – et les lunettes étaient si grosses qu'elles me couvraient presque tout le visage. Je me demandai si quelqu'un d'autre avait porté cette perruque avant moi, et à qui elle appartenait.

Le type ouvrit un autre tiroir et en sortit un objet, que je ne vis que lorsqu'il se retourna. Un pistolet.

— Si tu tentes quoi que ce soit de stupide dehors, je te descends, me menaça-t-il. (Il agita l'arme sous mon nez et lâcha le petit rire diabolique que je connaissais si bien.) Ne crois pas que je n'oserai pas tirer ; ce flingue est chargé.

S'il voulait me flanquer la frousse de ma vie, c'était réussi ; je tremblais sous les lunettes. Il glissa le pistolet dans la poche arrière de son jean.

Il me poussa vers la porte du fond, puis sur le perron.

Ah ! de l'air frais ! Du soleil ! Je n'avais pas mis les pieds dehors depuis plus de trois mois. Comme il faisait plutôt frais, ce jour-là, je me frottai les bras pour me réchauffer. Je jetai ensuite un regard à la ronde, dans le jardin, qui était aussi mal entretenu que le premier jour, en août. Des chaînes rouillées semblables à celles que j'avais vues au sous-sol traînaient un peu partout.

Maxine, la chienne, était attachée à un poteau. Elle aboya un peu en nous voyant sortir, puis elle se calma. Partout, il y avait des outils, des pièces détachées de voiture, de vieux torchons maculés d'huile et des papiers sales. Visiblement, le type construisait quelque chose sur le perron, où un long morceau de bois et une scie électrique étaient posés sur une table.

— Je vais couper ce bout de bois en deux, et tu vas m'aider, m'annonça le type.

Je maintins une extrémité de la planche, tandis qu'il la sciait bruyamment. Pas un instant, il ne cessa de m'adresser son sourire cruel, comme si c'était moi qu'il rêvait de trancher. Je me mis à tousser et à éternuer, gênée par la sciure de bois qui s'était glissée sous mes lunettes et dans mon nez.

— Va t'asseoir là-bas, me dit-il, désignant une chaise pliante crasseuse.

J'obtempérai. Il ne me quitta pas des yeux.

Dans le jardin voisin, j'aperçus un vieil homme blanc, mais pas celui que j'avais vu le jour où j'étais entrée dans la maison. Il nous regarda tous les deux mais ne dit pas un mot. J'aurais voulu hurler : « Au secours ! Vous ne voyez pas que je suis séquestrée ? Prévenez la police ! », mais je redoutais trop les représailles du malade.

Je me tournai de nouveau vers ce dernier, qui me regardait droit dans les yeux. Il porta la main à son arme, encore dans sa poche, comme pour me rappeler « Si tu fais un geste, je te descends ». Je le savais assez cinglé pour mettre sa menace à exécution et restai donc immobile. Le voisin rentra chez lui, ce qui me remplit d'espoir. *Peut-être a-t-il deviné qu'il se passe des choses étranges ici. Peut-être va-t-il alerter la police !* Quoi qu'il en soit, aucun agent ne se présenta. Comment peut-on voir une jeune fille vêtue si bizarrement, sans manteau par une journée si froide, et ne pas percevoir que quelque chose cloche ? Je ne le compris pas et cela me mit hors de moi. Et je le suis encore aujourd'hui.

Nous restâmes dehors environ une demi-heure, puis il me fit remonter dans ma prison bleue. Il me prit mes vêtements, non seulement ceux qu'il m'avait prêtés, mais également mon tee-shirt et mon slip. J'étais donc entièrement nue quand il me rattacha.

— J'ai froid, lui dis-je. Il me faut ces vêtements !

Il haussa les épaules.

— Tu resteras nue aussi longtemps que j'en aurai envie, laissa-t-il tomber, avant de sortir.

Je m'allongeai sur le matelas, claquant des dents. Il n'allait pas me donner le moindre vêtement avant quatre mois.

Avec le recul, cela peut paraître stupide de m'avoir fait sortir. Qu'aurait-il fait si un voisin avait eu un doute en m'apercevant coiffée d'une perruque et portant des lunettes de soleil ? Mais, une fois encore, il avait compris que personne ne me recherchait. Il me rappelait presque chaque jour qu'il n'avait pas vu un seul avis me concernant à la télévision, pas plus que des tracts dans le quartier.

— Tu n'es personne, me disait-il sans cesse.

Je ne répondais pas mais je me demandais s'il disait la vérité. Quelqu'un de ma famille avait certainement signalé ma disparition à la police, non ? Je priais de toutes mes forces pour que ce soit le cas.

L'après-midi passé sur le perron, à l'arrière de la maison, eut au moins un intérêt pour moi : une fois de plus, j'avais prouvé au type qu'il pouvait me faire « confiance », que je n'allais pas chercher à m'enfuir. Il fallait que je continue de me comporter ainsi pendant un temps ; peut-être finirait-il par baisser la garde. Alors, je pourrais tenter de m'enfuir.

Quelques semaines plus tard arriva le jour de Noël, ainsi que le confirma la radio. Je restai toute la journée à pleurer sur le matelas, les yeux irrités à force de les frotter. Le type entra dans la chambre avec un gâteau blanc parsemé de pépites rouges et vertes, qui provenait sans doute du supermarché.

— Tiens, dit-il. Joyeux Noël.

Il posa le gâteau par terre et me reluqua de la tête aux pieds, comme si j'étais un morceau de viande. J'avais le corps bleu de froid.

— Tu sais ce que tu dois faire pour avoir le droit d'y goûter, dit le type.

Je ne levai même pas les yeux vers lui.

Quand il me viola, ce soir-là, je songeai à tout ce que j'avais manqué. *Septembre. Octobre. Novembre. Décembre.* L'année était terminée. Et mon envie de vivre avait elle aussi presque disparu. Je me sentais seule, abattue, apeurée. *Comment se fait-il que je sois encore là ?* Une seule chose me donnait la force de respirer : penser à Joey.

Comment se déroulait Noël pour mon nounours ? *Qui sont ses parents adoptifs ? Est-il aussi heureux aujourd'hui que le jour où nous nous sommes levés si tôt et avons chanté ensemble ? Se demande-t-il ce qu'est devenue sa mère ? Est-ce que je lui manque chaque jour ?* Je n'avais pas de réponses à ces questions. Je n'avais qu'un monstre juché sur moi… et un gâteau industriel que je refusai de toucher.

13

La télé et la douche

Il avait déjà fait froid en décembre, mais, en janvier, j'étais complètement transie. Chaque fois que le type se présentait dans ma chambre, je le suppliais de me donner des vêtements. Mais il refusait.

— Tu n'es pas là pour te la couler douce, me signifia-t-il. Tu n'es là que dans un seul but.

Fin février, je vous jure que je ne sentais même plus mes lèvres et mes orteils. Je l'implorai de nouveau pour qu'il m'accorde une chemise, des gants, un bonnet, des chaussettes ou un pantalon de jogging… n'importe quoi. Il finit par me jeter un minuscule morceau d'étoffe en coton. Cela ressemblait à un bout de drap déchiré. Il était tout juste assez grand pour que je puisse m'en couvrir, mais c'était mieux que rien.

Il y avait un radiateur près de mon lit, mais chaque fois que je tendais la main pour voir s'il fonctionnait, je le trouvais à peine tiède. Il gelait vraiment, dans cette maison. Certains jours, je rejetais même de la buée en respirant. Il ne me restait plus qu'à me blottir sous mon petit oreiller, que j'ai même tenté de transformer en igloo. Les seules fois où j'avais chaud, c'est quand le type s'introduisait en moi, mais, franchement, je crois que j'aurais préféré mourir de froid.

Aux alentours du mois de mars, il est venu dans ma chambre avec un petit téléviseur couleur.

— Je sais que tu t'ennuies, dit-il.

Il disposa le poste sur une petite étagère à côté du matelas. Avec mes chaînes, je pouvais tout juste l'atteindre.

— Je ne vais pas te le laisser longtemps, alors tâche de ne pas t'y habituer. Et que je ne te surprenne pas en train de regarder des nègres.

Il le brancha et baissa le son. Je trouvais étrange qu'il donne une télé à une fille qu'il avait enlevée. Mais rien de ce qu'il faisait n'était logique. *Vraiment ? Tu te préoccupes de savoir si je m'ennuie, maintenant, alors que tu m'as fait des trucs répugnants et que tu refuses de me donner des vêtements depuis deux mois ? Et, pour couronner le tout, tu t'inquiètes de savoir si je vais regarder des gens de couleur à la télé ?*

Ce téléviseur me changea la vie. Tout à coup, j'avais la possibilité de découvrir ce qui se passait à l'extérieur de cette maison sordide. Des choses que je ne pouvais pas apprendre avec ma seule radio. Non seulement je pouvais entendre les nouvelles, mais je pouvais aussi les voir, et être au courant de ce qui se passait dans l'ensemble du pays. Je pouvais regarder des émissions de télé et ne plus me contenter d'écouter de la musique. Cela m'aida énormément à passer le temps. Et je n'avais que ça : du temps.

Pas un jour ne passait sans que je pense à Joey et que je me demande ce qu'il était en train de faire. *Est-il allé se promener, aujourd'hui ? Fait-il des cauchemars ? Est-il allé jouer au parc ? A-t-il un chien, dorénavant ? A-t-il changé de nom ? Est-il traumatisé par ce qui s'est passé ?* Ainsi, quand le type se pointa avec une télé, je crus que j'allais devenir folle, mais je tentai de faire comme si cela m'était complètement égal.

Même si le type m'avait ordonné de ne regarder ni les actualités, ni les émissions avec des Noirs, je lui désobéissais. À la mi-mars, il se produisit un événement d'importance : on retrouva Elizabeth Smart. J'étais très heureuse qu'elle soit encore en vie et qu'elle puisse rentrer chez elle. Cela me donna l'espoir que, peut-être, moi aussi, on me retrouverait et on viendrait me secourir.

J'appris également beaucoup d'autres choses : Michael Jackson avait brandi son bébé par-dessus un balcon, l'année précédente, *(oh, mon Dieu !).* Les Anaheim Angels avaient battu les San Francisco Giants et avaient remporté les World Series. Pour une raison inconnue, j'adorais le base-ball... J'aurais bien aimé être plus grande pour pouvoir y jouer. Je découvris que Kelly Clarkson avait gagné la première saison d'« American Idol », mais je n'ai pas pu suivre tous les épisodes de la deuxième saison parce qu'il y avait trop de concurrents noirs, et je savais que le type pouvait surgir à tout moment. Plus tard, j'ai appris que c'était Reuben Stoddard qui avait remporté cette saison-là. J'aurais pu vous l'annoncer dès le début : ce gars chantait vraiment bien !

Ma série préférée était *Tout le monde aime Raymond*. Elle me faisait tellement rire que je manquai à plusieurs reprises de me pisser dessus, mais, parfois, elle me rendait aussi très triste. Dans certains épisodes, Raymond sortait avec sa famille. Ils allaient au cinéma ou au parc. Un jour, il fit même un dîner romantique avec sa femme. Ce genre de chose me faisait pleurer parce que j'en étais privée. Peut-être à tout jamais. La Terre continuait à tourner, et tout le monde vivait sa vie, tandis que moi, j'étais coincée dans ce trou à rat.

Quand le type venait me voir, le soir, il m'autorisait à laisser la télé. J'ignore quelle en était la raison. Quand je l'entendais monter l'escalier avec ses rangers, je me hâtais de changer de chaîne pour éviter qu'il y ait des Noirs à l'écran. Parfois, pendant qu'il me faisait des choses, il m'arrivait de tourner la tête sur le côté pour suivre un nouvel épisode de *Tout le monde aime Raymond*. Chaque fois qu'il se produisait quelque chose d'amusant, j'entendais le public éclater de rire. Il était plutôt incongru de les entendre s'amuser pendant que ce type était sur moi, parce que, à l'intérieur, je pleurais de tout mon cœur.

*

* *

Peu de temps après qu'il m'eut apporté la télé, j'eus une nouvelle surprise : une douche.

— Tu pues, me fit remarquer le type, un matin.

Sans déconner, Sherlock. Après huit mois sans la moindre douche, j'étais en effet plutôt sale. Ma peau blanche était brunâtre. J'étais maculée de sang séché, de saleté et d'urine. Mes jambes étaient si poilues qu'on aurait dit des jambes d'homme. Et je ne me suis jamais habituée à la puanteur que je dégageais. Je sentais si mauvais que j'en avais parfois des haut-le-cœur.

— Je vais te conduire à la salle de bains, en bas, pour que tu puisses te laver, m'annonça-t-il.

S'agit-il d'une ruse ? D'un nouveau test ? Ou va-t-il réellement me permettre de me laver ? Je n'en avais pas la moindre idée. Il défit mes chaînes et je le suivis. Dans l'escalier, je sentis ma tête se mettre à tourner tant j'étais restée immobile dans la chambre bleue. Je m'efforçai donc de descendre lentement chacune des marches.

La salle de bains se trouvait au rez-de-chaussée. C'était la première fois que j'y entrais.

— Je t'attends ici, me prévint-il en ouvrant la porte et en me tendant un minuscule morceau de savon. Fais vite, ajouta-t-il.

La salle de bains était dans un état épouvantable. Les toilettes étaient recouvertes d'une couche de crasse brunâtre. Il y avait des toiles d'araignées dans tous les coins, et le sol était jonché de toutes sortes de déchets. Les murs étaient moisis. Je baissai la lunette des toilettes et y pris place. Pour une fois, je voulais me conduire comme un être humain et non comme un animal sauvage. Lorsque je commençai à uriner, je sentis que les cabinets étaient bancals. Ils n'étaient pas bien fixés au sol. Et il n'y avait pas de papier. La première pensée qui me vint à l'esprit fut : *Comment peut-on vivre dans de telles conditions ?*

Je me regardai dans le miroir, au-dessus du lavabo. J'étais affreuse. J'avais du mal à croire que c'était moi. Mes cheveux bruns m'arrivaient désormais aux épaules, et j'avais des épis dans tous les sens. Ils avaient reçu tellement de sperme qu'ils s'étaient comme pétrifiés. Après des mois de pleurs incessants, j'avais les yeux injectés de sang. À cause du manque de soleil, j'étais d'une pâleur extrême. À force de recevoir des coups, j'avais des ecchymoses violet et jaune de chaque côté du visage. Je me mis à sangloter. *S'agit-il d'un mauvais rêve ou vais-je passer le restant de mes jours ici ?* me demandai-je. Même si cela faisait désormais huit mois que j'étais dans cette maison, j'avais encore l'impression d'être prise au piège dans un film d'horreur. Mais, en voyant mon visage contusionné, je compris à quel point tout cela était réel. En examinant ma chevelure, je me dis que je pourrais au moins tenter de faire quelque chose.

Le type frappa contre la porte avec son poing et s'écria :

— On se dépêche, là-dedans !

Je grimpai dans la baignoire. Elle était dans un état répugnant, cernée par une ligne de crasse noire. J'actionnai le robinet d'eau chaude. Au bout d'une minute, l'eau demeurait désespérément froide. Je serrai donc les dents et me positionnai sous le jet. *Oh, mon Dieu*, elle était glacée. Je me frottai partout avec le petit morceau de savon. L'eau qui s'écoulait dans la baignoire était noire.

— Putain, qu'est-ce que tu fous, là-dedans ? s'écria le type.

Je me hâtai de sortir de la douche et passai la tête dans l'entrebâillement de la porte.

— Je peux avoir des ciseaux ? demandai-je.

Il m'adressa un regard intrigué qui me poussa à croire qu'il allait refuser. Mais il s'éloigna et revint avec une petite paire de ciseaux. Il me la tendit, et, pour je ne sais quelle raison, il s'abstint de me demander quel usage j'allais en faire.

— Je veux que tu sois sortie de là dans cinq minutes, me prévint-il.

Je m'empressai de retourner sous la douche et portai les ciseaux à ma tête. Naturellement, ils étaient émoussés, ils n'auraient donc pas pu me servir d'arme. Je dus les serrer très fort entre mes doigts pour parvenir à couper mes cheveux emmêlés. Couic. Couic. Couic. Ils étaient si raides que, si je voulais les laver, j'étais obligée de les couper très court, au-dessus des oreilles. Ils tombèrent dans la canalisation. La baignoire était si sale que j'avais du mal à distinguer mes cheveux de la couche de crasse. Je tentai aussi de couper ces poils qui me démangeaient, sur les jambes, mais les ciseaux n'étaient pas suffisamment affûtés.

N'ayant aucun moyen de me sécher, je dus me contenter de me passer la main sur le corps pour tenter de me débarrasser du plus d'eau possible. En ouvrant la porte de la salle de bains, je tombai sur le type, qui attendait. Il m'arracha les ciseaux des mains.

— Tu t'es coupé les cheveux ? (Il semblait surpris. Je ne lui répondis pas.) Allez, dit-il avant de me pousser dans son cagibi. Monte là-dessus, m'ordonna-t-il en désignant le lit, où il avait fixé des chaînes et des cadenas, comme à l'étage.

Il m'attacha, et je demeurai étendue là pendant qu'il regardait une émission du câble sur des détraqués avec des fantasmes étranges. Puis il mit un film porno. Puis un autre. Et encore un autre. Il m'attira alors de son côté du lit et se mit à me tripoter les seins. Puis il me força à lui dire des choses pendant qu'il me violait.

— Dis-moi que tu aimes ça ! s'écria-t-il.

Face à mon refus, il me gifla.

— Dis-moi que tu aimes ma bite ! Dis-moi que je suis le meilleur !

Refusant de coopérer pendant un long moment, il continua à me frapper. Je commençai alors à comprendre que cela risquait de durer beaucoup plus longtemps si je ne lui obéissais pas. Je finis donc par répéter ce qu'il voulait. Mais, chaque fois que je prononçais l'une de ces grossièretés, je regrettais d'avoir cédé.

14
La deuxième fille

« Hier, le 21 avril, Amanda Berry, une jeune fille de seize ans, a été portée disparue. » Quand j'entendis le journaliste prononcer cette phrase, je me levai et me penchai vers la télé pour pouvoir monter légèrement le son. « La dernière fois que quelqu'un l'a aperçue, elle quittait son travail au Burger King, au croisement de Lorain Avenue et de West 110th Street, à Cleveland. »

Ce n'est pas loin d'ici, me dis-je. La photo d'une jeune fille blonde apparut alors à l'écran. Je la reconnus ! *On était en cours d'arts plastiques ensemble !* Elle était nettement plus jeune que moi, mais j'avais tellement de retard à l'école que nous avions fini par avoir des cours en commun.

J'eus aussitôt le pressentiment que c'était lui qui l'avait enlevée. Il ne cessait de me dire : « Dès que j'aurai deux autres filles, je te laisserai partir. »

Amanda semblait être le genre de fille qu'il affectionnait : jeune et blonde. Il ne cessait de répéter à quel point il rêvait de coucher avec des blondes comme Britney Spears et Christina Aguilera. De plus, je savais précisément où se trouvait ce Burger King. Il n'était pas loin de chez lui, et c'était un client assidu des fast-foods. En assemblant toutes les pièces du puzzle, j'eus la conviction que c'était lui. Après avoir appris la nouvelle, je me mis à écouter avec attention tous les bruits dans la maison. Mais je n'entendis rien de particulier et commençai à me dire que je me trompais certainement.

Mais, trois ou quatre semaines plus tard, quelque chose d'inhabituel se produisit. Le type commença à mettre de la musique très fort et en permanence. Plus qu'avant, en tout cas. J'avais l'impression que cela provenait du sous-sol, et non de sa chambre. *Il a dû enfermer Amanda à la cave, comme il l'a fait pour moi*, me dis-je. Je m'imaginai qu'il ne souhaitait pas que je l'entende hurler. Quoi qu'il puisse se passer, je savais de toute façon que ce n'était pas bon signe.

Un après-midi, il entra dans ma chambre et s'assit sur le matelas.

— Je voudrais te présenter quelqu'un que j'ai amené à la maison, m'annonça-t-il.

Je gardai le silence un long moment. Je lui en voulais énormément d'avoir enlevé une autre fille. Cela ne lui suffisait-il donc pas de m'avoir gâché la vie, il fallait qu'il anéantisse aussi celle d'une autre ? J'étais si furieuse que je décidai de lui faire part de mon mécontentement, quitte à le mettre en rogne.

— Inutile de me dire comment elle s'appelle. Je sais déjà qu'il s'agit d'Amanda.

Il me regarda fixement, l'air étonné.

— Comment tu le sais ?

— Je l'ai vue à la télé. J'allais en cours avec elle. Je ne suis pas débile, je sais ce que vous avez fait.

Il se tut un moment.

— Ce n'est pas Amanda, finit-il par lâcher, avant de se lever et de quitter la chambre.

Le lendemain, il m'emmena de la chambre bleue à la chambre rose. Les fenêtres étaient encore condamnées depuis le jour où il m'avait obligée à l'aider à les barricader. Là aussi, il avait fixé au lit et aux murs des chaînes dont il se servit pour m'attacher. Il y avait des détritus un peu partout : des parts de pizzas encore dans leurs cartons, des sandwiches moisis, des plats chinois qui avaient séché au fond de boîtes blanches de restaurants à emporter. On aurait dit qu'il avait mangé là tous les jours et jeté ses restes par terre. Cela sentait horriblement mauvais.

Quand il m'eut attachée, il m'enleva le téléviseur.

— Je vais le donner à Amanda, m'expliqua-t-il.

Va-t-il descendre la télé au sous-sol, ou va-t-il faire monter Amanda dans une chambre à l'étage ? Je n'en avais pas la moindre idée. Mais je l'entendis faire énormément de bruit dans la pièce contiguë, la chambre blanche. *Peut-être qu'il met la télé là*, me dis-je.

Plus tard dans la journée, il revint me voir avec un autre téléviseur, un vieux modèle noir et blanc avec un minuscule écran et des oreilles de lapin.

— À partir de maintenant, tu vas regarder cette télé, m'annonça-t-il.

Il la déposa à côté de mon lit. Quand je tentai de monter le volume, même à fond, rien ne se produisit.

— Ça ne fonctionne pas très bien, me prévint-il en haussant les épaules avant de quitter la pièce.

Le lendemain, il me libéra de mes chaînes et quitta de nouveau la chambre. Au bout d'une minute, il revint avec Amanda. Je reconnus la fille de mes cours d'arts plastiques et de la télévision. Dès que je la vis, je remontai le morceau de drap sur mon corps nu.

— Vous êtes faites de la même manière ! s'exclama le type en me voyant tenter de me couvrir. C'est la copine de mon frère.

J'avais du mal à croire qu'il puisse proférer un tel mensonge. Je me contentai de le regarder fixement.

Amanda n'était plus la jeune fille souriante que j'avais connue en cours. Elle ne semblait pas me reconnaître. On se dévisagea mutuellement. Elle semblait naturellement effrayée et un peu perdue. Elle avait rassemblé sa chevelure blonde en queue-de-cheval. Elle portait un pyjama gris d'homme, avec une ouverture sur le devant, bien trop grand pour elle. Elle scruta la pièce, remarquant les détritus par terre et les fenêtres condamnées. Elle devait être stupéfaite de l'état de délabrement de la maison, et d'en être désormais prisonnière. Puis il repartit avec elle. La rencontre avait duré moins d'une minute.

Le lendemain, le type vint me voir et me libéra de mes chaînes.

— Allons-y, dit-il.

Il me conduisit à la chambre blanche. Amanda était assise sur le matelas. À notre arrivée, elle leva tout juste les yeux vers nous. *Je suppose que c'est là qu'il va la détenir,* me dis-je. J'étais vraiment navrée pour cette fille et pour ce qu'elle allait devoir supporter. J'espérais simplement que son calvaire ne serait pas aussi terrible que le mien.

Je crus d'abord qu'elle n'était pas enchaînée, mais, lorsqu'elle finit par remuer une jambe, je compris qu'elle avait les chevilles entravées. Elle était habillée – avec un pantalon de jogging et un tee-shirt, si je me rappelle bien. *Pourquoi a-t-elle le droit de porter des vêtements, elle ?* me demandai-je. Le téléviseur couleur qu'il avait retiré de ma chambre était posé sur une commode, non loin de son lit. Lorsque je la revis cet après-midi-là, je tentai de nouveau de couvrir ma nudité avec mes bras et mes mains. J'étais vraiment gênée, mais je n'y pouvais rien. Le type retourna dans l'autre chambre, et je l'entendis chercher quelque chose dans le placard.

— Je te connais de l'école, dis-je à Amanda. Tu étais dans mon cours d'arts plastiques.

Elle me regarda droit dans les yeux.

— J'étais au lycée John Marshall High, finit-elle par dire d'une voix douce.

Je hochai la tête.

— Moi aussi.

Je ne comprenais toujours pas si elle se souvenait de moi ou non. Je supposais que ce n'était pas le cas, car j'avais pour habitude de m'asseoir au fond de la classe. Je tentai de réfléchir à ce que je pourrais lui dire pour tenter de la réconforter un peu.

— Quel âge as-tu ? me demanda-t-elle.

— Vingt-deux ans.

Quelques semaines auparavant, un animateur radio avait annoncé qu'on était le 23 avril. Le jour de mon anniversaire.

Amanda haussa les sourcils.

— On dirait que tu en as treize. Depuis quand… ?

Au même instant, le type réapparut dans la pièce. Il me tendit un tee-shirt d'homme très long. Je l'enfilai aussitôt.

Je l'ignorais à l'époque, mais je n'aurais plus l'occasion de discuter de nouveau avec Amanda pendant très longtemps : quatre mois. Parfois, j'entendais le type la détacher et la faire descendre dans sa chambre, au rez-de-chaussée. Cela me brisait le cœur de penser à ce qu'il était probablement en train de lui faire subir. Les jours où il était au travail, je pouvais entendre la télé d'Amanda. Lorsque l'on parlait de son enlèvement à la télévision, je montais le volume au maximum. Même si ce n'était pas très fort, j'espérais tout de même qu'elle puisse l'entendre et comprendre qu'il fallait qu'elle allume son poste. Certaine qu'elle devait être très malheureuse, je voulais qu'elle sache qu'on la cherchait encore. Même si je me sentais seule et abandonnée, je ne le souhaitais à personne d'autre.

À plusieurs reprises après l'arrivée d'Amanda à la maison, le type nous fit descendre à la cuisine. J'en ignore complètement la raison. Nous n'avions pas vraiment l'occasion de nous parler. Nous devions nous contenter d'un « salut » en nous serrant brièvement dans les bras l'une de l'autre. Un jour, lorsqu'il s'absenta de la pièce un court instant, je lui dis calmement :

— Tout va bien se passer. On finira par rentrer chez nous.

Elle avait les yeux rouges comme si elle venait de pleurer.

Il ne voulait pas que l'on passe du temps ensemble. Même quand il nous conduisait dans la même pièce, il faisait en sorte que cela ne dure pas plus de cinq minutes. J'avais tant de questions à poser à Amanda... Comment t'a-t-il fait entrer dans la maison ? T'a-t-il gardée au sous-sol avec ce casque sur la tête, les premiers jours ? Est-ce pour cette raison que je ne t'ai vue qu'au bout d'un certain temps ? Quel genre de trucs te fait-il, quand il va dans ta chambre ? Es-tu aussi terrifiée que moi ? Et, plus important que tout : « Crois-tu qu'on aura l'occasion de sortir de cette maison de torture ? »

Ce printemps-là, le type refusa d'admettre qu'Amanda n'était pas la copine de son frère.

J'ignore pour quelle raison il persista à me mentir de manière aussi ridicule, après que je lui avais avoué que je savais qu'il s'agissait d'Amanda et que j'étais allée au lycée avec elle. Un soir, il me fit descendre dans sa chambre minuscule et alluma son téléviseur. Au journal télévisé, la mère d'Amanda suppliait qu'on l'aide à retrouver sa fille.

Il éclata de rire.

— Je suis plus malin que ces crétins de flics, se vanta-t-il. Tu vois ça ? ajouta-t-il en pointant le doigt en direction de l'escalier. Au moins, quelqu'un est à sa recherche. Mais qui te cherche, toi ? Personne. C'est parce que personne ne tient à toi. Je pourrais te garder ici éternellement, tu ne manquerais à personne.

J'aurais voulu pleurer, mais quand on est enfermée depuis près d'un an, les larmes commencent à manquer. Je me suis demandé si quelqu'un me cherchait, et pourquoi je ne voyais jamais personne de ma famille à la télé. Même si j'étais introuvable depuis un moment, on aurait pu croire que la disparition d'Amanda avait soulevé quelques interrogations, comme le fait de savoir si c'était la même personne qui nous avait enlevées. Enfin, encore aurait-il fallu que quelqu'un se préoccupe de mon absence.

15
Enceinte

Un matin, peu après l'arrivée d'Amanda à la maison, je me sentis malade, terriblement malade. Je tentai de manger un peu des restes de pizza que le type m'avait laissés, mais je me mis aussitôt à vomir. J'avais très mal aux seins. Je vomissais tout ce qu'il me donnait à manger. Je compris que j'étais enceinte. Je ressentais exactement la même chose que la première fois, pour Joey.

Il ne s'en aperçut pas immédiatement. Ma chambre était si sale qu'il ne remarqua probablement même pas mon vomi par terre. En fait, je tentai de lui dissimuler ma grossesse, car j'ignorais sa réaction. Même si j'étais horriblement malade, chaque fois qu'il pénétrait dans ma chambre, je faisais mine que tout allait bien. Je sais que cela peut paraître fou, mais, dans mon état, affaiblie et complètement désorientée, je crois que je voulais avoir un autre enfant. Mon fils me manquait tellement que tout mon être n'était que souffrance. Et je n'avais même plus mon petit Lobo. Au moins, j'aurais quelque chose à moi. Un bébé dans mon ventre. Même si son père était le diable en personne.

Pendant les quelques semaines qui suivirent l'arrivée d'Amanda, il sembla venir me rendre visite plus souvent qu'auparavant : le matin avant d'aller travailler, puis deux ou trois fois dans la soirée.

— Elle refuse de le faire, me dit-il. Il va donc falloir que tu le fasses.

Autant je détestais quand il venait me voir, autant j'étais heureuse d'entendre qu'Amanda parvenait à le repousser.

— Je ne veux pas la forcer et la faire pleurer, ajouta-t-il.

En revanche, ça ne te dérange pas de me faire pleurer, moi ? me demandai-je. Pourquoi avais-je l'impression qu'il lui accordait un traitement différent du mien ? Pourquoi était-ce elle qui avait droit à la meilleure télé ? Pourquoi m'obligeait-il à faire des choses tordues avec lui en m'expliquant que c'était parce qu'elle n'en avait pas envie ? Je supposai que c'était parce qu'il était obsédé par les blondes. Mais je n'en voulais pas à Amanda pour autant. C'était lui, l'enfoiré de psychopathe qui nous avait enchaînées toutes les deux. On ne devait cette situation qu'à son esprit pervers.

Un soir, il se mit à mordiller et à sucer très fort mes tétons. Il me répétait sans cesse qu'il avait un faible pour les filles aux gros seins. Je suis certaine que c'était l'une des raisons pour lesquelles il m'avait choisie.

Tout à coup, il s'interrompit.

— Qu'est-ce que c'est que ça ? demanda-t-il.

Un peu de liquide blanc s'était échappé de mes tétons. Il l'essuya avec la main et l'examina. C'était du lait.

— Tu es enceinte, petite pute ! s'écria-t-il en s'écartant de moi. Il est hors de question que tu aies un enfant dans cette maison !

Il fit claquer la porte et descendit l'escalier d'un pas lourd.

Le salaud commença à m'affamer pour que je perde le bébé. Il continua à me rendre visite pour me violer tous les matins et tous les soirs. Mais il ne m'apportait plus à manger. Un soir, après avoir tenté de me faire mourir de faim pendant près de deux semaines, il entra dans ma chambre avec une énorme barre d'haltères.

Putain de merde, me dis-je. *Qu'est-ce qu'il va faire avec ça ?*

Quand il approcha de mon lit, je me mis à trembler d'effroi. Il déposa la barre, me saisit par le pied et m'attira au bord du matelas.

— Il est temps de se débarrasser de ce petit problème. Lève-toi, salope.

— Non ! m'écriai-je. Ne m'approchez pas !

Mais il m'entraîna par terre. La chaîne m'entama le cou lorsqu'il m'obligea à me redresser.

Quand il s'empara de nouveau de la barre, je me mis à hurler à pleins poumons.

— Non, non, non ! Arrêtez ! Je vous en prie, ne tuez pas mon bébé !

Je tentai de m'éloigner de lui en remontant sur le lit, mais il m'attrapa par les cheveux. Et puis il abattit violemment la barre sur mon ventre. Bam !

Je me laissai tomber à genoux en criant de toutes mes forces. Prise d'atroces douleurs, je serrai les bras contre mon ventre.

— Je vous hais ! hurlai-je. (Je sanglotais de manière si incontrôlable que l'on devait m'entendre dans tout le quartier.) Partez ! Je vous hais !

Il me lança un regard noir.

— Demain, il vaudrait mieux pour toi qu'il ne soit plus là, me prévint-il avant de quitter la chambre.

Je pleurai dans mon oreiller pendant des heures. J'avais l'impression qu'une semi-remorque venait de me rouler dessus. Du sang s'écoulait entre mes jambes. Il y en avait partout. Je tentai de contenir comme je pouvais l'hémorragie à l'aide de mon drap. Je souffrais tellement que je perdis connaissance. Lorsque je revins à moi, j'eus l'impression que c'était le milieu de la nuit. Étendue sur mon matelas dans l'obscurité la plus complète, j'étais prise de sanglots incontrôlables. Je voulais mourir. La seule chose qui me poussa à rester en vie fut l'espoir qu'un jour je pourrais revoir mon Joey.

Tandis que le soleil commençait à se lever, je commençai à avoir de terribles crampes. Au bout de quelques minutes, je sentis quelque chose glisser entre mes jambes. Ce fut l'expérience la plus atroce de ma vie. Le type monta me voir avant d'aller travailler et remarqua le désastre sur mon matelas.

— Tu as tué mon enfant ! s'écria-t-il. (Il me gifla si fort que je vis des étoiles.) Ça t'apprendra à avoir tué mon bébé, sale pute !

Je ne pus rien faire d'autre que de rester étendue, le regard vague.

*

* *

Le reste de l'année 2003 et la première moitié de l'année 2004 s'écoulèrent très, très lentement. Toutes les semaines se ressemblaient : cinq petits déjeuners McDonald's de suite, suivis d'un viol. Des heures d'ennui jusque dans l'après-midi. De nouveaux viols le soir, quand il rentrait du travail. De la salsa à tue-tête pendant tout le week-end. Je croyais que j'allais perdre la raison.

Je savais qu'Amanda se trouvait encore dans la maison, parce que je l'entendais parfois se déplacer (dans l'escalier, elle faisait moins de bruit que sa démarche d'éléphant à lui), mais nous ne nous voyions encore que très rarement. À deux ou trois reprises, je pris le risque de lui crier quelque chose, alors que je savais que le type était absent, mais je n'obtins jamais de réponse. Elle ne m'entendait probablement pas à cause du bruit de sa télé, où qu'elle fût enchaînée.

Je n'eus plus beaucoup l'occasion de descendre, mais, un jour, quand il me conduisit à la cuisine, je remarquai qu'il avait installé des alarmes près des fenêtres et au-dessus des portes. Il avait également fixé de petits miroirs un peu partout, comme des rétroviseurs, pour voir ce qui se passait dans toutes les directions. En découvrant tout cela, j'eus l'impression que jamais je ne pourrais m'échapper.

À partir de ce moment, je cessai de trop réfléchir au moyen de m'évader de cette maison. J'avais le sentiment que toutes mes idées – tenter de libérer mes mains des chaînes, de lui échapper pendant qu'il me violait – étaient vouées à l'échec. Il me laissait enchaînée presque tout le temps, et, lorsque ce n'était pas le cas, il restait avec moi et me surveillait de près. Je fus incapable de desceller les cadenas. Et, les rares fois où il m'emmena sur le perron à l'arrière de la maison, ce fut sous la menace de son pistolet. Je ne me considère pas comme quelqu'un qui abandonne facilement, mais quand on se creuse la tête pour chercher un moyen de s'échapper et que rien ne fonctionne, on a tendance à baisser un peu les bras. Je suppose que je commençais à me sentir désespérée. J'étais aussi terrifiée à l'idée qu'il puisse me surprendre. J'étais certaine qu'il m'aurait tuée. Et en quoi cela aurait-il été bénéfique pour Joey, si je me faisais tuer par ce salaud ? En rien !

Un après-midi, au printemps 2004, j'entendis une autre nouvelle qui me glaça le sang. Le 2 avril, Gina

DeJesus, une fille de quatorze ans, avait disparu dans le même quartier qu'Amanda et moi. De la même manière que j'avais reconnu Amanda, je savais également qui était Gina. Sa grande sœur, Mayra, fréquentait le même lycée que moi. Au fond de moi, j'étais persuadée que c'était lui qui l'avait enlevée. Ce soir-là, je priai de toutes mes forces pour que ce ne soit pas le cas.

Plus tard, le même soir, j'entendis une fille hurler à pleins poumons. Cela provenait du sous-sol.

— À l'aide ! répétait-elle. S'il vous plaît, à l'aide !

Je compris que c'était bien Gina. De tout mon cœur, j'aurais voulu descendre pour aller la secourir. Je voulais qu'elle sache que quelqu'un l'avait entendue. Que si elle pouvait encore tenir une minute, j'allais venir la sauver. Mais avec ces deux énormes chaînes qui me retenaient prisonnière, je dus me contenter de l'écouter crier, en me demandant pourquoi personne ne nous entendait jamais.

16
La troisième fille

Le restant du mois d'avril, je n'entendis plus un bruit en provenance du sous-sol. Ce silence me donnait la chair de poule. J'étais morte d'inquiétude. Et ce fut encore pire lorsque je vis Mayra, au journal télévisé, qui implorait qu'on l'aide à retrouver sa petite sœur. Je ne cessais de me demander : *Est-ce que Gina est en bas, avec le casque ? A-t-elle du mal à respirer ? Amanda l'a-t-elle vue ? Finirai-je par la voir un jour ? Est-elle encore en vie ?* Je n'en avais pas la moindre idée.

Finalement, un soir, je regardai le type droit dans les yeux et lui déclarai :

— Je sais que vous avez enlevé cette fille.

Il me fixa mais s'abstint de toute réponse. Je fus étonnée qu'il ne me frappe pas.

Environ une semaine plus tard, il vint me rendre visite et me tendit un carnet rouge à spirale, un crayon et un petit taille-crayon.

— Tiens, tu pourras dessiner.

Le crayon était émoussé, mais il avait une gomme, à son extrémité. Certaines des pages du carnet étaient arrachées. Je refusai de le remercier. Je me contentai de lui prendre le carnet, le crayon et le taille-crayon des mains. Mais en pensée je m'écriai : *Oh, mon Dieu ! Je n'arrive pas à y croire !*

Je peux dessiner, maintenant ! Génial ! C'était la première fois dans cette maison, à l'exception du jour où il m'avait donné Lobo et le téléviseur, qu'il m'arrivait quelque chose de bien.

Après son départ, je trouvai étrange de tenir ce crayon entre mes doigts. Cela faisait presque deux ans que cela ne m'était pas arrivé. Mes doigts se mirent à trembler. J'étais effrayée, car je croyais toujours l'entendre dans l'escalier, et je craignais qu'il vienne me reprendre ce carnet. On ne savait jamais à quoi s'attendre, avec lui. Cela m'avait énormément manqué de ne plus pouvoir dessiner de loups. J'en dessinai donc aussitôt un. Je le fis si gros qu'il emplissait entièrement la page. Ce n'était pas mon plus beau, mais j'étais tout de même heureuse.

À partir de ce jour-là, la première chose que je fis chaque matin en me réveillant fut d'attraper ce crayon, de le tailler et de me mettre à écrire ou à dessiner. Je ne m'en lassais pas. J'écrivais tous les jours. Des poèmes. Des chansons. Ce qui me rendait triste. Des lettres destinées à Joey. Et je rêvais de ce qu'aurait pu être ma vie. Je pris soin d'éviter d'entrer dans les détails à propos du type, car j'étais certaine qu'il allait finir par me lire.

Voici l'une des premières choses que je rédigeai :

Chaque fois que je vois un papillon, cela me rappelle à quel point la vie est précieuse. Car la chenille est capable de se transformer en un magnifique papillon et de s'envoler très loin, librement et gracieusement, sans qui que ce soit pour lui dire quoi faire. J'attends ce moment où je pourrai enfin vivre librement, sans soucis, ni souffrances, ni larmes. Je souhaite simplement être heureuse. Je veux pouvoir écouter des éclats de rire et cesser de souffrir. Un jour, je pourrai mener ma vie comme ce magnifique papillon. Je ne serai plus triste.

La seule fois où je fus interrompue, ce fut lorsque le type vint me voir. Refusant qu'il lise ce que j'écrivais, ou qu'il me confisque le carnet, je dissimulai ce dernier sous mon oreiller.

Quelques jours après qu'il m'eut donné le carnet, on diffusa *Les 101 Dalmatiens* à la télévision. Je sanglotai pendant tout le film, parce qu'il me rappelait Joey. Il me manquait plus que tout ce que vous pouvez imaginer. Seule une mère peut comprendre ce que l'on ressent quand on est séparée de son enfant. C'est comme si on nous arrachait le cœur. Cela fait tellement mal qu'on peut à peine parler. Pour tenter de dissiper cette douleur, j'écrivis à mon nounours :

Je suis en train de regarder Les 101 Dalmatiens, *et je sais que c'est ton film préféré. Tu adorais le regarder en boucle. Tu me manques, mon cœur. J'aimerais pouvoir te serrer dans mes bras, en ce moment même. J'aimerais pouvoir regarder ce film avec toi et te voir rire aux éclats. Un jour, on se reverra. Je t'aime de tout mon cœur.*

Juste après avoir écrit cela, je refermai le carnet et le serrai contre ma poitrine. Je m'endormis aussitôt. Cette nuit-là, je fis encore le même rêve, où on m'enlevait mon petit Joey, m'empêchant de le voir à tout jamais.

*
* *

Un matin, au milieu du mois de mai, le type entra dans ma chambre avec une perceuse et me demanda de me lever.

— Tu vas m'aider à préparer la chambre, me dit-il en se mettant à percer un nouveau trou dans mon mur.

J'étais presque sûre de savoir pourquoi.

Je m'étais demandé ce qui s'était passé avec Gina, car je n'avais plus perçu le moindre bruit au sous-sol. J'espérais qu'elle n'avait rien, mais je savais quelle brute il était. Cela me fendait le cœur de savoir qu'une gamine de quatorze ans pouvait subir le même sort que moi. Je m'étais même demandé, parfois, si elle avait survécu.

Quand il m'obligea à fixer une seconde chaîne au mur, je le suppliai :

— Je vous en prie, ne me forcez pas à vous aider à commettre un crime !

— Tu n'auras rien à te reprocher. C'est moi qui vais tout prendre.

En disant cela, il reconnaissait ce que j'avais déjà deviné : il avait enlevé Gina. Il s'empara de mon seau et revint avec des petites toilettes blanches portables, qu'il posa à côté du matelas. Je supposai qu'il installait cela parce que c'était légèrement plus grand et qu'il faudrait que deux personnes l'utilisent.

Je pensais que je verrais Gina le jour même, mais il s'écoula encore deux semaines. Puis, sans crier gare, il l'amena dans ma chambre. Au début, je n'étais pas certaine qu'il s'agît vraiment de Gina DeJesus. Elle portait un pantalon de survêtement ample et un tee-shirt. Cela ressemblait aux vêtements puants et miteux qu'il me donnait parfois. Elle était pieds nus. Son épaisse et longue chevelure noire lui descendait jusqu'au milieu du dos. Elle paraissait si jeune... Elle avait un visage de bébé. Elle semblait effrayée, et retenait presque son souffle. J'étais contente d'avoir au moins un débardeur et une culotte.

— Voici ma fille, déclara-t-il en la poussant vers le matelas.

Mon Dieu, mais quel menteur ! me dis-je. *J'imagine que ce con ne se rappelle même plus m'avoir demandé de lui préparer des chaînes.*

— Salut, finit-elle par articuler.

— Salut, lui répondis-je.

Elle avait le regard incroyablement triste. Même si j'étais allée au lycée avec sa grande sœur, je ne la connaissais pas très bien. Nous n'étions pas amies. On se voyait simplement comme ça, dans le quartier ou à l'école. On se saluait de temps en temps. Un jour, Mayra m'avait montré une photo de sa petite sœur. Une autre fois, je l'avais vue se promener avec elle, pas très loin de chez moi.

En revoyant Gina après tout ce temps, je dus l'examiner de près pour avoir la certitude qu'il s'agissait bien d'elle. D'après les photos au journal télévisé, j'en étais presque sûre. J'étais sur le point de lui demander comment elle allait, mais, avant que je puisse dire quoi que ce soit, le type lui fit faire demi-tour et quitta la pièce avec elle.

Pourquoi a-t-il fait ça ? me demandai-je. J'ignorais totalement si je la reverrais un jour. Quitte à demeurer coincées dans cette masure, j'espérais au moins qu'on puisse rester ensemble. J'étais de tout cœur avec elle. Je savais à quel point elle devait se sentir seule et effrayée. J'aurais voulu l'aider autant qu'il me l'était permis. Et, après avoir passé ces mois entiers toute seule, j'avais tellement envie de parler à quelqu'un. À quelqu'un d'autre que ce monstre. Naturellement, j'aurais préféré que Gina ne soit pas là. Et Amanda non plus. Le simple fait de me dire que quelqu'un d'autre était détenu dans ce trou à rats me fendait le cœur. Inquiète pour la pauvre Gina et me demandant comment allait Amanda, je m'étendis sur mon matelas.

Peut-être qu'à trois dans la maison, on aura de meilleures chances de pouvoir s'échapper, songeai-je. *Peut-être qu'en unissant nos forces, on pourrait le maîtriser et nous enfuir.*

Quelques jours plus tard, le type m'ôta mes chaînes et me fit descendre à la salle de bains. Quand il ouvrit la porte, j'aperçus Gina.

— Elle va te coiffer, m'expliqua-t-il.

Pourquoi diable a-t-il demandé à Gina de me coiffer ? me demandai-je. J'ignorais ce qui lui prenait, mais, une fois encore, son comportement était absurde. J'avais cependant appris à me prêter à ses jeux bizarres pour éviter de me faire battre. *Peut-être pourrai-je bénéficier d'un peu de temps avec Gina pour lui demander comment elle va.* Je me dirigeai vers les toilettes, en baissai le couvercle et m'y installai. Comme d'habitude, les cabinets se mirent à brinquebaler sous mon poids.

— Vas-y, ordonna-t-il à Gina. Coiffe-la.

Elle saisit quelques mèches de mes cheveux, qui étaient encore relativement courts depuis que je les avais coupés, et se mit à me faire des tresses sur le devant de la tête. Au bout de quelques secondes, le type quitta la pièce. Je fis signe à Gina de se baisser, et me mis à lui chuchoter à l'oreille :

— Je sais qui tu es, lui dis-je doucement. Tu t'appelles Gina DeJesus.

Je ne voulais pas qu'il m'entende, revienne et nous frappe toutes les deux.

Elle se redressa et me regarda dans les yeux.

— Tu me connais ? chuchota-t-elle.

Elle semblait surprise. J'acquiesçai. Elle jeta un coup d'œil à la porte par-dessus son épaule, puis se remit à me faire des tresses.

— Ne lui dis pas que je le sais, la prévins-je. Ça pourrait le mettre en rogne. Dès que j'aurai l'occasion de t'en dire plus sur lui et sur ce qui se passe, je le ferai.

Il réapparut alors dans la salle de bains. On fit toutes les deux comme si de rien n'était. *C'était moins une*, pensai-je.

Cette première conversation avec Gina avait duré moins de trente secondes. Durant les cinq minutes qui suivirent, il la regarda me tresser les cheveux. Lorsque ce fut terminé, je me levai et me regardai dans le miroir. Mes tresses étaient magnifiques.

— Je te remercie, lui dis-je.

Le type sembla agacé. Il m'entraîna vers la porte, et nous fit remonter toutes les deux à l'étage avant de m'enchaîner à mon lit. Puis il redescendit avec Gina. J'ignore où il l'emmena, peut-être au sous-sol. Peut-être dans son cagibi. Je me pris à espérer qu'il la faisait sortir et lui rendait sa liberté. Mais je ne me faisais pas d'illusions.

Quelques jours plus tard, il ramena Gina dans ma chambre. Elle semblait encore plus pâle et anéantie que lors de notre première rencontre.

— Va sur le lit, lui ordonna-t-il.

Sans un mot, elle vint s'asseoir auprès de moi. Il me passa une chaîne autour du cou et enroula l'autre extrémité autour de sa cheville à elle. Gina lui demanda d'intervertir les chaînes.

— Ça ne va pas fonctionner, si ma jambe est reliée à son cou. Comment va-t-on faire pour aller aux toilettes ? intervint Gina.

Je fus ravie qu'elle ait pris la parole.

— Sa cheville est trop fine, expliqua-t-il. Si je lui mets la chaîne au pied, elle va pouvoir la retirer.

Mais Gina insista, et j'eus du mal à le croire quand je le vis céder. Il ôta la chaîne de mon cou et nous attacha ensemble par les pieds. Naturellement, il serra fortement. Ensuite, il me jeta un nouveau pantalon de jogging, et deux tee-shirts horribles.

— C'est pour toi, me dit-il.

Je supposai qu'il voulait que je sois un peu plus habillée en présence de Gina, même si, bien évidemment, il me serait impossible d'enfiler ce pantalon s'il ne me détachait pas. Ensuite, il quitta la chambre.

On l'entendit descendre l'escalier d'un pas lourd. Boum, boum, boum... On était toutes les deux enchaînées. En pleurs. On garda le silence un long moment, l'oreille tendue. Puis on se raconta chacune notre histoire.

17
Ma nouvelle petite sœur

J'imagine à quel point on peut souffrir lorsque son enfant a disparu. Ne pas savoir où il est, quelles choses horribles il est en train de subir... Savoir qu'on ne peut pas le consoler, le protéger... J'imagine qu'il est possible d'avoir la force que j'ai désormais pour surmonter cette douleur, après toutes ces années, sans s'écrouler. Personnellement, je me trouve incroyable d'avoir le courage de croire qu'il existe quelque chose de mieux qu'une existence vouée au désespoir.

Comment raconter à une autre victime ce que l'on a ressenti en se faisant enlever en pleine rue et en devenant la prisonnière d'un détraqué ? C'est bouleversant. Le simple fait d'y repenser me donne envie de hurler.

J'avais tant de questions à poser à Gina : savait-elle qu'il y avait une troisième fille dans la maison ? Comment se sentait-elle ? Lui donnait-il suffisamment à manger ? J'avais tant de choses à lui dire, et d'autres à propos desquelles il fallait que je la prévienne : ce qui le mettait en colère, le fait qu'il faisait mine de sortir avant de revenir discrètement pour voir si on ne tentait pas de s'échapper...

Pendant les deux premières minutes, on ne parla pas trop. On était toutes les deux abasourdies par cette situation et par le fait qu'on avait enfin quelqu'un à qui parler. Il me fallut un long moment pour m'habituer à cette idée. Ensuite, je repris notre conversation où nous l'avions laissée dans la salle de bains. Je lui expliquai que je connaissais Mayra, sa grande sœur, avec qui j'étais allée au lycée.

Gina écarquilla ses grands yeux noisette.

— Vraiment ?

J'acquiesçai. Ensuite, les mots se succédèrent sans la moindre difficulté. La première question que je lui posai fut :

— Comment s'y est-il pris pour t'attirer dans cette maison ?

Elle s'éclaircit la voix et me répondit d'une voix douce. Je m'approchai d'elle pour qu'elle ne soit pas obligée de hausser le ton. Aucune de nous ne souhaitait le voir remonter l'escalier en courant.

— Je descendais la rue avec Rosie, me raconta-t-elle.

Je savais que c'était la fille du type. Gina et Rosie étaient d'excellentes amies. Leurs familles se connaissaient. Gina avait déjà passé la nuit chez la mère de Rosie, et Rosie avait déjà dormi chez Gina. Vers 15 heures, elles rentraient toutes les deux chez elles, après le collège.

— On s'est arrêtées à une cabine téléphonique pour appeler la mère de Rosie et lui demander si je pouvais aller dormir chez eux, cette nuit-là.

La cabine téléphonique en question était proche du carrefour de 105th Street et de Lorain Avenue. Dans le même quartier que celui où Amanda et moi nous étions fait enlever. La mère de Rosie ayant refusé, Gina et son amie se dirent au revoir et s'éloignèrent chacune dans une direction différente.

Tandis que Gina rentrait chez elle, le type s'arrêta près d'elle et lui annonça qu'il cherchait Rosie. Gina l'avait déjà vu et savait que c'était le père de son amie. Disposée à l'aider à retrouver sa fille, elle monta dans sa voiture et lui indiqua le chemin que sa fille avait certainement emprunté. Le type prenant une autre direction, elle lui répéta le bon chemin.

— Il faut juste que je repasse chercher quelque chose chez moi, lui mentit-il. Si tu veux, plus tard, tu pourras aller au centre commercial avec Emily, mon autre fille.

Gina connaissait Emily, mais elle trouvait cela étrange, puisqu'il venait de lui dire qu'il était à la recherche de Rosie. Mais, tout comme moi, elle balaya la question et fit confiance au type parce que c'était le père de son amie.

Lorsqu'ils se garèrent devant chez lui, il lui tendit même un peu d'argent.

— Voici un peu de monnaie pour qu'Emily et toi puissiez le dépenser au centre commercial.

Il la fit ensuite entrer chez lui et la fit descendre de force au sous-sol. Assises sur le matelas avec nos chevilles enchaînées, je lui expliquai comment le type était parvenu à m'attirer chez lui, et à quel point cela ressemblait à la méthode qu'il avait employée avec elle. Je lui racontai depuis combien de temps j'étais enchaînée là. Que cela faisait deux ans que mon fils n'était plus avec moi, mais dans une famille d'accueil. Mais je m'abstins de lui énumérer les horribles choses que le type m'avait faites depuis mon arrivée, pour ne pas trop l'effrayer. Elle semblait si innocente… Je souhaitais simplement la protéger. Chaque fois que je regardais son visage d'ange, ses magnifiques yeux noisette et sa longue chevelure brune, cela me mettait dans une colère noire. Comment avait-on pu enlever cette fille à sa famille ? Et quel genre de père pouvait-on être pour kidnapper la meilleure amie de sa propre fille ? Il fallait être un démon… Et c'était précisément ce qu'il était.

Ce soir-là, je révélai à Gina qu'Amanda aussi était dans la maison. Gina me répondit qu'elle l'avait déjà vue, mais qu'elle n'avait pas encore pu lui parler.

— Moi non plus, je n'ai pas encore eu l'occasion de discuter avec elle, lui avouai-je. Elle doit être terrorisée.

Nous avions du mal à croire que ce type avait pu s'en tirer jusque-là malgré trois enlèvements. Tous dans le même quartier. Et nous connaissions toutes les trois ses enfants. Pourquoi personne ne parvenait-il à faire le rapprochement ?

— Tu crois qu'on va sortir de là un jour ? me demanda Gina.

J'hésitai. Même si j'espérais de tout mon cœur que ce soit le cas, à ce stade, je n'en étais pas du tout certaine. Depuis près de deux ans que j'étais dans cette maison, soit j'étais solidement enchaînée au mur, soit il me surveillait de près.

— Oui, finis-je par lui répondre.

Je voulais qu'elle garde espoir.

— Bon, il va falloir qu'on essaie, dit-elle.

Je savais qu'elle avait raison.

Nous avons ensuite parlé de nous, et, après avoir terminé de nous raconter nos histoires, nous nous sommes mises à sangloter dans les bras l'une de l'autre.

— Jamais je n'aurais dû monter dans sa voiture, lui dis-je. Jamais je n'aurais accepté de monter avec un parfait inconnu. Mais j'ai baissé la garde parce que c'était le père d'Emily. (Voyant une grosse larme rouler sur le visage de Gina, je l'essuyai avec la main.) Ça va aller, ma puce. On va s'en sortir. Maintenant qu'on est trois, on va trouver le moyen de s'échapper. Il le faut.

Si Gina était là, c'était qu'on l'avait privée de son existence, elle aussi. Mais quitte à ce qu'elle reste prisonnière du trou à rats de ce monstre, j'étais contente qu'elle ne soit pas seule, grelottant au sous-sol. Si on était coincées là, au moins, on serait ensemble. En s'y mettant toutes les deux, on pourrait peut-être parvenir à s'échapper. Depuis le début, c'était le souvenir de Joey qui me poussait à lutter pour rester en vie. Désormais, il fallait que je me batte aussi pour ma petite sœur.

Je ne suis qu'une fille retenue quelque part, pas du tout où j'aurais souhaité me trouver. Coincée dans ce cauchemar où je hurle tout en étant consciente que personne ne peut m'entendre. Tout ce que je demande, c'est de retourner auprès de mon fils, en lieu sûr... mais la réalité m'échappe. Je commence à croire que c'est beaucoup trop demander. Le temps s'écoule si rapidement, ma santé s'étiole si vite qu'il ne me reste plus qu'à m'enfuir dans le sommeil le plus profond qui soit et à rêver du paradis.

*
* *

Avant même que le type amène Gina dans ma chambre, j'avais du mal à aller uriner. Il fallait que je m'étire pour pouvoir atteindre les toilettes. Mais, quand on se retrouva enchaînées l'une à l'autre,

Gina et moi, cela devint encore plus difficile. Lorsque l'une d'entre nous se levait, l'autre devait l'imiter. Dès son arrivée, on dut apprendre à dépendre de moi pour tout, même pour aller aux toilettes.

— Il ne les vide presque jamais, la prévins-je.

Mais j'étais certaine que, compte tenu de cette horrible puanteur, elle l'avait déjà deviné. Nos toilettes étaient souvent si pleines qu'elles débordaient. Un jour, j'urinai dans une bouteille de bière. Gina fut stupéfaite.

— Mince, comment tu as fait ça ?

C'était très bizarre de faire ce genre de chose devant quelqu'un. Mais on s'y habitua. On n'avait pas le choix.

Le matin, le type montait à l'étage et nous donnait de quoi manger, généralement un sandwich aux œufs qu'il était allé acheter au fast-food. Pendant les deux premières semaines, il s'abstint de me violer et de me frapper dans la chambre. Je crois que c'est parce qu'il souhaitait éviter d'effrayer Gina. Pour tout dire, j'ai l'impression qu'il n'avait même pas l'intention d'enlever Gina, à l'origine.

Un jour, imbibé de rhum, il me fit descendre dans son cagibi. Il tenta de m'obliger à boire quelques verres, mais je refusai. Il s'était presque évanoui sur son lit quand il commença à m'en dire davantage sur la manière dont il l'avait kidnappée.

— Tous les jours, quand elle quittait l'école, je la suivais, m'avoua-t-il. Je vous ai suivies toutes les trois.

Cela me donna vraiment la chair de poule. Il me raconta aussi qu'il y avait une autre fille dans l'école de Gina qui ressemblait comme deux gouttes d'eau à cette dernière, et qu'il lui était arrivé de les confondre. Il affirma n'avoir appris qu'il avait enlevé l'amie de sa fille qu'en voyant son nom au journal télévisé. Cela dit, il ne semblait pas beaucoup le regretter. Il m'avoua également que, plus tard, il avait même aidé les parents de Gina à la rechercher. Pendant tout ce temps, il savait évidemment où elle se trouvait, mais, tandis que tous pleuraient, priaient et sillonnaient la ville, il avait feint d'être leur ami. Cela lui avait particulièrement plu. Voilà à quel point cet homme avait l'esprit tordu et était mauvais.

Un autre jour, alors que nous étions dans sa chambre, on parla de la disparition de Gina à la télévision.

— Ils la recherchent, mais ils ne la retrouveront jamais ! s'exclama-t-il en riant.

Naturellement, il se sentit obligé d'ajouter :

— Personne ne t'a jamais recherchée. C'est pour ça que c'est toi que je déteste le plus. Tu ne représentes rien pour personne. Personne ne t'aime, et tu ne manques à personne.

Je tentai de ne rien en laisser paraître, mais cela me fit horriblement mal. Je me demandai de nouveau si un membre de ma famille quelconque avait tenté de me retrouver, ou si j'avais manqué à quelqu'un. Cela me procura un sentiment de vide et de désespoir.

Je ne racontai rien de tout cela à Gina. Je redoutais que ça la rende encore plus triste. Quand on est l'aînée, il faut veiller sur les plus jeunes. C'est à cela que servent les grandes sœurs.

Gina savait aussi bien que moi qu'il était dingue, mais, au début, elle refusa de croire qu'il était aussi méchant qu'il en avait l'air. Sans doute parce qu'il n'avait pas vraiment abusé d'elle, au début. Pendant un moment, il se retint aussi de me frapper en sa présence.

— Il fait semblant, là, la prévins-je. Méfie-toi quand tu es avec lui, c'est un cinglé.

Comme on pouvait s'y attendre, au bout d'un mois, la situation se mit à dégénérer. Un soir, il me viola alors que j'étais enchaînée à Gina. Elle demeura assise sur un coin du matelas en tentant de regarder ailleurs. Quand il en eut terminé, on se mit à pleurer toutes les deux.

Durant les mois et les années suivantes, les journées se ressemblaient horriblement. Le type s'en prenait à Gina ou à moi sur le bord du lit, tandis que l'autre demeurait assise là, impuissante, incapable de l'en empêcher. Quand je tentais de dire quelque chose, il se penchait vers moi et m'assenait un coup de poing en pleine figure avant de passer ses nerfs sur Gina. Parfois, on se tenait par la main en se disant : « Ça va aller. » Il ne tentait même pas de nous en empêcher. D'autres jours, s'il commençait par Gina, je l'implorais d'arrêter.

— Je vous en prie, prenez-vous-en à moi, plutôt. C'est moi que vous détestez.

Il est difficile de supporter que quelqu'un vous brise le cœur, mais il est encore plus douloureux de voir cette personne s'en prendre à quelqu'un d'autre. Pendant tout le temps où j'ai partagé ma chambre avec Gina, je me suis sentie anéantie à de trop nombreuses reprises pour pouvoir en faire le décompte. Je ne crois pas que je pourrai me remettre un jour de ce que nous avons subi toutes les deux.

*
* *

Après l'arrivée de Gina, en avril, nous n'avons pas eu souvent l'occasion de voir Amanda. Ayant obtenu l'autorisation de se doucher en bas de temps à autre, on se contentait de se saluer lorsqu'on se croisait. Gina et Amanda avaient tendance à se dévisager, car elles ne s'étaient jamais vraiment parlé. Parfois, lorsque nous étions enchaînées sur le matelas, dans notre chambre, on l'entendait emmener Amanda dans son cagibi. Il était assez étrange de savoir qu'une autre fille subissait sans doute les mêmes horreurs que nous, mais que nous n'avions jamais eu la possibilité de discuter avec elle. Je l'ignorais à l'époque, mais il allait s'écouler de nombreux mois avant qu'Amanda et moi puissions avoir cette possibilité.

Durant les premiers mois, je racontai à Gina tout ce que j'avais appris sur lui.

— Il a deux personnalités, l'avertis-je. On ne sait jamais à laquelle on va avoir affaire.

Je lui expliquai également tout ce que signifiaient les bruits que l'on percevait. Comme les voix, qui voulaient dire que ses amis venaient passer le week-end. Son air effrayé en disait long : *Vais-je devoir rester ici suffisamment longtemps pour avoir besoin de savoir tout ça ?* Comprenant à quel point elle devait être épouvantée, je ne lui révélai pas tout. Elle avait déjà assez peur comme cela. Mais je souhaitais aussi qu'elle dispose de toutes les informations nécessaires à sa protection.

Pour passer le temps, Gina et moi regardions beaucoup la télé.

— Le volume ne fonctionne pas très bien, l'avisai-je la première fois qu'elle l'alluma. Et, quoi qu'il arrive, ne te fais jamais surprendre en train de regarder des gens de couleur à la télé. Il déteste les Noirs.

Nous adorions les émissions sur les célébrités, car cela nous changeait les idées et nous permettait de nous tenir au courant des derniers potins. J'avais l'impression de me sentir de nouveau humaine. Et on aimait beaucoup *Les Parker*, *Le Prince de Bel-Air* et *Friends*. Au moins, on regardait les mêmes choses que le reste du monde, quoiqu'étant enfermées dans une prison.

Parfois, après avoir regardé des sitcoms ou des rediffusions pendant plusieurs heures, je sortais mon carnet. Le type en avait aussi donné un à Gina. On dessinait et on écrivait jusqu'à la dernière page. Croyez-le ou non, quand on lui demandait de nouveaux carnets, il nous en donnait parfois. On trouvait cela étrange, mais on était ravies de les avoir. À l'occasion, on lisait à voix haute ce que l'on avait écrit. Gina adorait dessiner des fleurs et des visages, et, de temps à autre, je l'aidais à tracer les yeux dans ses propres esquisses. Elle aimait bien mes dessins et trouvait que j'étais douée.

Un jour que j'écrivais sur lui, il est soudain entré dans la chambre. Il me vit dissimuler le carnet sous mon oreiller.

— Qu'est-ce que tu écris ?

Je regardai Gina du coin de l'œil. Il était furieux.

— Vous voulez le lire ? lui demandai-je.

Il s'en empara. Je venais de raconter de quelle façon il m'avait traitée le Noël précédent et à quel point je le détestais pour tout ce qu'il me faisait subir.

Parfois, je pleure tellement que je préférerais mourir, avais-je écrit. *Tout ce que je veux, c'est rentrer chez moi. Tout ce que je veux, c'est voir Joey. Je n'arrive toujours pas à croire que ce monstre m'a privée de mon existence.*

Après avoir lu ce passage, il me dévisagea un long moment.

— Tu essaies de me dire que je suis un enfoiré ?

Je baissai les yeux sur le matelas.

— Ce n'est pas à vous que je m'adresse. C'est vous qui avez voulu lire ce carnet. Alors, lisez-le.

Je reculai aussitôt légèrement sur le lit, parce que je savais ce qui m'attendait : une gifle. Mais il ne me frappa pas. En fait, il semblait attristé, sur le point de fondre en larmes. D'une certaine manière, je suis persuadée qu'il croyait que son univers factice était bien réel. Il savait que c'était mal de nous avoir enlevées, mais il tentait de se convaincre que ce qu'il nous faisait n'était pas si méchant, parce que, dans son esprit tordu, nous faisions partie de sa « famille ». Par moments, en revanche, je n'hésitais pas à lui rappeler à quel point je le haïssais. Et le jour où il lut mon carnet, ce fut encore une sorte de rappel. Il ne me demanda plus jamais de lire mon journal, et je fus soulagée qu'il ne me le confisque pas.

Je tombe dans le noir, je me fais très mal avec ces plaies encore béantes et mon cœur en miettes. Je suis paralysée. Comment ai-je pu si mal interpréter les signes ? Et pourquoi ne m'en suis-je pas rendu compte avant qu'il soit trop tard ? J'ai désormais conscience qu'il ne faut pas toujours se fier aux apparences. Je suis paralysée... Dieu sait comme j'ai tout fait pour tenter de voir le bon côté des choses dans cet enfer, mais je suis réveillée, à présent. Je ne suis plus aveuglée par les ténèbres. La douleur va s'estomper et ne plus jamais revenir.

18

Des voix

Être obligée de faire des choses, même si elles font mal. Savoir que personne ne se soucie de moi. Toujours se sentir fatiguée et rester éveillée trop longtemps à cause de son mal de ventre. Avoir mal partout, avoir l'impression que sa tête va exploser, appeler quelqu'un à l'aide avant qu'il soit trop tard. Mes larmes roulent sur mes joues, espérant que cela va bientôt se terminer et que quelqu'un va venir me sauver, mais j'ai l'impression que c'est sans fin. J'ai du mal à comprendre comment on peut être si cruel.

Un jour horriblement chaud, durant cet été-là, Gina et moi écrivions toutes les deux dans nos carnets. Chacune vêtue d'un débardeur et d'un short, nous dégoulinions de sueur. Soudain, j'entendis des voix, au rez-de-chaussée. Ce n'étaient pas celles de la bande habituelle. D'abord, je perçus celle d'un petit enfant.

— Qu'est-ce que c'est ? chuchotai-je à Gina.

On cessa d'écrire et on reposa nos carnets.

Le type gravit l'escalier et ouvrit la porte.

— Je vais vous présenter mon petit-fils.

Vraiment ? On va rencontrer quelqu'un de ta famille ? Tu as vraiment dû péter les plombs ! Je jetai un rapide coup d'œil à Gina avant de reporter mon attention sur lui.

— Le fils de ma fille Angie est là, poursuivit-il. Cachez vos chaînes. Il est vraiment tout petit, vous pouvez donc le voir.

Sans dire un mot, on dissimula nos chaînes derrière le matelas.

— Si vous essayez de crier, ajouta-t-il avec un regard menaçant, je reviens vous tuer toutes les deux. Et Amanda aussi. Je vous promets que je n'hésiterai pas.

Il quitta la chambre et redescendit l'escalier. C'était hallucinant : ce fou furieux allait nous montrer à son petit-fils ? Qu'allait-il se passer ? Angie allait-elle monter aussi, si elle était là ? Ayant toutes les peines du monde à croire à ce qui se passait, Gina se tourna vers moi.

— Tu crois qu'on aura le droit de sortir ? chuchota-t-elle.

— J'espère ! lui répondis-je à voix basse. Mais ne lui laisse pas voir ce qu'on pense. Et je crois qu'on ferait mieux d'éviter d'appeler à l'aide. Il était sérieux, il n'hésiterait pas à nous tirer dessus. Il est assez détraqué pour le faire. Même avec sa famille en bas. Avec un peu de chance, le gamin racontera à sa mère qu'on est ici.

Au bout d'une minute, on entendit de nouveau les rangers du type dans l'escalier, puis il présenta son petit-fils à Amanda. Juste après, il entra dans notre chambre en tenant le garçon par la main. Le petit bonhomme était brun et avait une jolie bouille toute ronde avec des joues d'écureuil. Il semblait avoir trois ou quatre ans. Dès que je le vis, Joey me manqua.

— Je vous présente mon petit-fils, nous annonça-t-il.

Il sourit, visiblement fier de pouvoir nous exhiber ce garçon.

On le salua de la main, et je lui dis :

— Oh, qu'est-ce que tu es mignon !

Je cherchai quelque chose à lui dire pour qu'il comprenne que nous étions détenues contre notre volonté, mais j'en fus incapable. Le gamin nous observa attentivement un long moment et prit un air bizarre, comme s'il venait de découvrir que quelque chose ne tournait pas rond.

Tout à coup, il se mit à hurler comme un hystérique :

— Maman ! Maman, viens me chercher !

Le type tenta de le faire taire.

— Chut, ne fais pas ça ! lui ordonna-t-il.

Il plaqua ensuite sa grande main velue sur la bouche du petit. Celui-ci semblait vouloir redescendre le plus vite possible au rez-de-chaussée. En entendant du monde en bas, je supposai que d'autres membres de la famille du type étaient là, mais, avant qu'Angie ou que qui que ce soit d'autre puisse monter voir pourquoi le garçon criait, le type s'empressa de le faire redescendre.

Qu'est-ce qui lui a pris ? me demandai-je. *Pourquoi diable a-t-il voulu nous montrer à quelqu'un de sa famille ?* Je supposai que le fait de prendre un tel risque avait dû lui procurer des sensations fortes, de la même manière qu'il se vantait d'être plus malin que les flics et de ne pas s'être encore fait prendre. Mais je m'en moquais un peu. Tout ce qui comptait, c'était que quelqu'un nous avait enfin vues, même si ce n'était qu'un petit garçon.

Au bout d'un moment, on entendit les invités quitter la maison. Gina et moi étions nerveuses. On allait venir nous secourir, maintenant, c'était une certitude ! Le gamin raconterait ce qu'il avait vu à sa mère ou à d'autres membres de sa famille, et ils viendraient voir ce qu'il en était réellement. On eut beaucoup de mal à trouver le sommeil, cette nuit-là, car on ne cessait d'imaginer ce qu'on ferait une fois dehors. Gina avait hâte de revoir ses parents, et moi, Joey.

— Dès que je pourrai passer un coup de fil, j'appellerai les services sociaux, lui affirmai-je.

Mais personne ne se présenta, ni le lendemain, ni le surlendemain. Deux ou trois jours plus tard, je me retrouvai de nouveau enchaînée dans son cagibi pendant qu'il discutait au téléphone dans la cuisine. J'eus l'impression qu'il parlait avec un proche.

— Non, la maison n'est pas prête, disait-il. Il faut que je fasse du ménage.

Alors que la personne semblait insister pour passer, le type continuait à refuser. Finalement, il lui dit :

— Dans quelques jours, ce sera bon. Laisse-moi juste le temps de faire un peu de ménage.

Dès que je l'entendis prononcer ces paroles, j'eus un déclic. Les enfants sont malins, et ce petit bonhomme était suffisamment intelligent pour savoir que quelque chose n'allait pas. Je me demandai s'il avait proposé à sa mère ou à quelqu'un de sa famille de venir faire notre connaissance. Si c'était le cas, peut-être cela avait-il éveillé les soupçons d'Angie ou de son interlocuteur, quel qu'il soit. Peut-être avait-elle trouvé qu'il y avait quelque chose d'étrange chez son père et souhaitait-elle venir le constater par elle-même. Peut-être…

Cette nuit-là, j'eus du mal à dormir tant j'étais certaine qu'on n'allait pas tarder à venir nous secourir. Je me remis à imaginer ce que je ferais avec Joey. Ce que serait mon existence sans ces chaînes qui me meurtrissaient les chairs vingt-quatre heures sur vingt-quatre. Je me figurais en train de prendre une longue douche bien chaude, de manger des plats non périmés. Il n'y avait aucun doute possible, on allait bientôt nous libérer ! Mais, une fois encore, les jours suivants, rien ne se produisit.

Environ deux semaines plus tard, le type monta et nous ôta nos chaînes.

— Vous allez au sous-sol, nous annonça-t-il.

Je me gardai de dire quoi que ce soit à Gina, mais je suis certaine que mon visage me trahit : j'étais submergée d'effroi à l'idée de devoir retourner dans ce cachot. Et on eut droit à une autre surprise, ce jour-là : il nous obligea toutes les trois à descendre ce vieil escalier poussiéreux. Il nous enchaîna au poteau par le cou et la taille. Il nous enfonça ensuite dans la bouche une chaussette crasseuse qu'il maintint en place à l'aide de gros Scotch.

— Si l'une d'entre vous fait le moindre bruit, nous prévint-il à voix basse, je vous descends toutes les trois.

Je suppose que par « bruit » il entendait « gémissement », parce qu'on était bâillonnées. Il éteignit ensuite la lumière. Une fois qu'il fut parti, je l'entendis cadenasser la porte.

C'était la première fois que nous nous trouvions toutes les trois dans la même pièce, mais il nous était impossible de parler. C'était très frustrant. J'étais de nouveau là où tout avait débuté, dans ce sous-sol sordide, enchaînée dos à ce poteau. Je tentai d'expulser la chaussette de ma bouche, mais le Scotch était trop serré.

Peu de temps après, j'entendis des voix au rez-de-chaussée. J'imagine qu'il s'agissait de la famille du type. C'étaient les mêmes voix que celles que j'avais perçues le jour où il nous avait présenté son petit-fils. Je ne suis pas certaine de la présence d'Angie, mais je suis sûre d'avoir entendu son fils. Mon cœur cessa de battre, et je retins mon souffle malgré la chaussette sale.

— Qu'est-ce qu'il y a, en bas ? entendis-je une femme demander. Tu peux ouvrir ?

Il y eut une longue pause.

— Non, je ne peux pas, répondit-il. C'est le bazar, en bas. Il y a de l'eau partout. Je fais des travaux.

Je soufflai par le nez. Pour rien au monde le type n'aurait accepté d'ouvrir cette porte.

Mais pourquoi ces gens, quels qu'ils fussent, n'appelaient-ils pas la police ? Ne trouvaient-ils pas qu'il y avait quelque chose de louche ? Quand j'y repense aujourd'hui, je suis réellement furieuse. On était à deux doigts d'être sauvées, mais, personne n'ayant appelé la police, nous allions devoir rester prisonnières de ce salaud.

Au bout d'un moment, les voix se turent, à l'étage, et je compris que tout le monde était parti. J'étais convaincue qu'ils appelleraient la police en rentrant chez eux. Plus tard, le type redescendit, nous ôta nos bâillons, nous donna un peu à manger et remonta.

— Amanda, comment ça va pour toi ? Tu tiens le coup ? demandai-je après son départ.

— Ça va à peu près, répondit-elle doucement.

À tour de rôle, on lui répéta les histoires qu'on s'était déjà racontées, Gina et moi : comment on s'était fait enlever, et quel genre d'horreurs il nous faisait subir.

— Et toi ? lui demandai-je.

Elle nous raconta brièvement les circonstances de son enlèvement. Il lui avait proposé de la raccompagner chez elle après son service chez Burger King, et l'avait amenée de force chez lui. Lorsqu'on lui confia ce qu'il nous faisait, elle se contenta d'un :

— Ouais, c'est pareil pour moi.

Je me figurais qu'elle était trop effrayée ou épuisée pour en dire davantage. J'étais désolée pour elle.

— Eh bien, tout ce que je sais, c'est que je refuse de mourir ici, finis-je par ajouter avant de fondre en larmes. (Je ne pus m'en empêcher, elles coulaient toutes seules.) Il faut qu'on se serre les coudes. Qu'on trouve le moyen de s'échapper de ce trou à rats. Maintenant qu'on est ensemble, il faut qu'on fasse corps jusqu'à ce qu'on vienne nous chercher. Peut-être que ceux qui étaient là tout à l'heure sont en train d'appeler la police, en ce moment même...

Mais, une fois encore, personne ne vint. Et on resta enchaînées toutes les trois dans ce sous-sol pendant environ deux semaines. Le type finit par desserrer un peu nos chaînes et rapprocher notre seau d'urine. Quand il voulait violer l'une d'entre nous, il venait la chercher et remontait avec elle. Entre-temps, nous discutions beaucoup. On chercha un moyen de s'échapper, en vain. Il est impossible de s'enfuir quand on est enchaîné en permanence. On essaya néanmoins de faire preuve d'imagination. Ça avait le mérite de nous aider à passer le temps.

Au bout d'un peu plus de deux semaines, il finit par nous reconduire au premier. Il nous consigna de nouveau dans la même chambre, Gina et moi, et enchaîna Amanda dans la sienne. J'eus l'impression de remonter dans le temps, avant la visite de son petit-fils. Je n'arrivais pas à croire que personne n'était venu nous libérer.

Je veux pouvoir célébrer mon retour chez moi, pas mes funérailles. J'ai encore tant à dire et à faire. La vie est trop courte pour ne pas la vivre comme il faut. À partir d'aujourd'hui, je ne ferai que le bien et renoncerai à tout ce qui est mal. J'ai vu suffisamment de vilaines choses pour le restant de mes jours. Je ne veux vivre que de bons moments et ne plus avoir à m'inquiéter. Me retrouver avec des gens qui tiennent à moi, me sourient et m'aiment, dans une maison où je me sentirai vraiment comme chez moi, et non dans une prison. Même si je tombe à terre, je me relèverai et redresserai les épaules, la tête haute, avec toute ma fierté. Je survivrai à cet horrible cauchemar avec courage et détermination, sans la moindre cicatrice.

19
Le fourgon

J'aime la vie... Mon fils est mon trésor le plus précieux. Je renoncerais à tout pour pouvoir retourner chez moi avec lui. Notre existence peut être bouleversée du tout au tout en un clin d'œil. Alors, vivez comme s'il s'agissait de vos derniers jours, parce qu'on n'est jamais à l'abri d'un drame. Certains n'ont aucune famille vers laquelle se tourner en cas de coup dur. J'ai hâte que ce cauchemar s'achève, pour que, à mon réveil, je puisse redevenir celle que j'étais.

Deux semaines plus tard, un matin, avant même le lever du soleil, le type nous fit descendre au rez-de-chaussée.

— Vous allez rester un peu dans mon fourgon, parce que j'ai de la famille qui va bientôt passer, nous expliqua-t-il.

Ses proches étaient déjà venus, naturellement, alors j'imaginai qu'il souhaitait nous faire quitter nos chambres pour pouvoir les leur montrer une nouvelle fois. Il désirait sans doute prouver à Angie, ou à la personne qui s'était trouvée dans la cuisine ce jour-là, que tout était normal.

J'avais déjà eu l'occasion à plusieurs reprises de voir son grand fourgon bordeaux dans le jardin, derrière la maison. Il nous fit sortir par la porte de derrière. Je jetai un coup d'œil autour de moi, espérant que quelqu'un nous verrait, mais personne ne semblait éveillé à une heure si matinale. Une fois dans le véhicule, je compris qu'il avait tout planifié. Il y avait suffisamment de sièges pour environ douze personnes. Il avait fixé des chaînes au pied des fauteuils du milieu et avait retiré les deux banquettes de derrière afin de faire de l'espace pour s'étendre. Il régnait une odeur pestilentielle. Sous le rétroviseur était accroché un petit panneau « Porto Rico », le pays dont sa famille était originaire.

Il nous attacha, Gina et moi, aux mêmes sièges, et enchaîna Amanda toute seule à l'arrière. Nos chaînes étaient juste assez longues pour qu'on puisse atteindre des cabinets portables, mais pas suffisamment pour nous permettre de nous lever et de regarder par les fenêtres teintées du fourgon. Avant de fermer la portière, il déclara :

— Si j'entends le moindre bruit, je vous tue toutes les trois.

Il faisait horriblement chaud, dans ce fourgon, au point que je m'évanouis à deux ou trois reprises. La plupart du temps, je dormais. Comme il ne nous avait pas autorisées à prendre nos carnets et nos crayons, je ne pus même pas dessiner ni écrire à Joey. Je transpirais tellement que l'on pouvait voir à travers mon tee-shirt. Mais, cela dit, j'étais tout de même contente d'avoir un haut pour absorber toute cette humidité. Je songeai à tous ces jours où j'étais restée nue et sale. Même si les conditions dans ce fourgon étaient loin d'être idéales, j'avais connu pire.

Il nous laissa dans ce véhicule pendant cinq jours. Le premier jour, il ne cessait de venir vérifier si on ne tentait pas de s'échapper ou d'appeler à l'aide. Et il nous apporta de quoi manger et boire. Je fus à la fois étonnée et soulagée qu'il ne nous viole pas et n'emmène plus personne à l'intérieur de la maison. Avant, il lui arrivait souvent de me violer deux ou trois fois par jour, mais, cette semaine-là, il me laissa tranquille.

Le quatrième jour, tôt dans la matinée, je l'entendis monter dans le fourgon. Je fis mine de dormir, espérant qu'il repartirait. Il resta à l'arrière et se mit à chuchoter à Amanda pendant un long moment. Je vis un peu ce qui se produisit ensuite, mais je fermai aussitôt très fort les yeux. Il est encore plus horrible d'assister à un viol que d'être violée soi-même.

J'ignore s'il a vraiment reçu de la famille. Mais il passait souvent nous voir, et je savais qu'il avait un pistolet. J'envisageai un moment de me mettre à hurler pour tenter d'attirer l'attention d'un voisin ou d'un passant, mais ses visites étaient imprévisibles. J'étais convaincue que, s'il nous entendait crier, il viendrait nous descendre avant que quelqu'un ait pu nous trouver. Et, à l'époque, après avoir été enchaînée, violée et constamment battue pendant plus de deux ans, je le croyais capable de tout. J'étais persuadée qu'il nous tuerait toutes les trois de sang-froid, même si des secours étaient en chemin.

Parfois, après tout ce que j'avais subi, il m'arrivait de trouver que ce serait un soulagement de mourir de cette façon. Au moins, ce serait rapide. De temps à autre, j'avais aussi l'impression que Dieu m'avait abandonnée. Mais, en pensant à Joey, je savais que si j'étais sur Terre, c'était pour une bonne raison. Et je refusais que Gina et Amanda se fassent tuer par ma faute. Je souffris donc dans la chaleur suffocante de ce fourgon sans appeler à l'aide. Je savais qu'il lui suffirait de quelques secondes pour atteindre le véhicule avec son arme.

Il finit par nous détacher et nous ramena à l'intérieur de la maison, dans nos chambres, à l'étage. C'était aussi une prison, mais, au moins, on y avait nos carnets à spirale, nos crayons, et *Tout le monde aime Raymond*. Et, même s'il faisait chaud, là-dedans, avec les fenêtres condamnées, c'était plus supportable que dans le fourgon.

Pendant les publicités, Gina et moi imaginions tous les moyens possibles de nous échapper. Je me souvins qu'il avait une guitare, dans son cagibi.

— On pourrait peut-être le ligoter avec une des cordes de sa guitare pendant son sommeil, proposai-je, sans tenir compte du fait que ce serait impossible, vu que nous étions enchaînées au lit.

Gina se contenta de me regarder. Bon, d'accord, ce n'était pas l'idée du siècle.

— Et si on essayait de lui donner un coup de couteau ? poursuivis-je. Peut-être que s'il s'endormait, je pourrais me faufiler dans la cuisine et prendre un couteau.

Gina hocha la tête.

— Et puis, après, surenchérit-elle, on irait libérer Amanda et on pourrait enfin s'enfuir d'ici.

Quand la sitcom reprenait, on se concentrait de nouveau dessus. Au fond de nous, nous savions que nos plans ne fonctionneraient pas. Comment pouvait-on même se prendre à rêver de s'échapper alors qu'il nous gardait enchaînées quatre-vingt-dix-neuf pour cent du temps ? Mais il fallait que j'imagine des moyens de fuir. Pour garder espoir.

Miroir, miroir, tu ne vois pas du tout mon véritable reflet. Si c'était le cas, tu saurais que je suis la fille la plus solitaire d'entre toutes, marchant sur des braises, seule devant le miroir d'une vie qui n'est pas la mienne... sachant au plus profond de mon être que je ne rentrerai jamais chez moi, attendant que mon existence cesse de s'effilocher.

Même si mon cœur n'est pas fait de verre, il n'en est pas moins rempli de souffrances et vole en éclats comme s'il était destiné à se briser... C'est moi qui suis perdue. Je sais que tu seras prompt à me détruire. Je sens mon cœur battre quand je pense au passé. J'aimerais pouvoir jeter ces souvenirs aux ordures et les oublier à jamais. Si jamais je parviens à tout remettre dans le bon sens, comment mon histoire se terminera-t-elle, à ton avis ? Je soignerai mes ailes brisées pour enfin pouvoir sentir la douceur de la vie au lieu de l'arrière-goût amer du péché qui rôde, attendant de se jeter sur sa proie suivante.

*

* *

Vers la fin de l'année 2004, il commença à nous laisser un peu plus de liberté et nous autorisa à nous déplacer dans la maison en sa présence. Il nous faisait descendre pour préparer le dîner, toujours armé. À deux ou trois reprises, j'envisageai de piquer un sprint jusqu'à la porte de derrière, mais j'avais trop peur qu'il me tire dans le dos avant d'abattre les deux autres filles. Je me rappelle aussi qu'il laissait une porte ouverte pour voir si je tentais de m'enfuir. Il semblait nous mettre à l'épreuve en permanence, prêt à bondir s'il nous surprenait ne serait-ce qu'à jeter un coup d'œil en direction de la porte.

La cuisine était dans le même état de délabrement que le reste de la maison. La cuisinière était couverte de traces de nourriture qu'il n'avait jamais nettoyées. À côté d'elle s'élevait une pile de casseroles sur une chaise. La majeure partie du temps, c'était Gina qui cuisinait. Même quand je voulais m'en occuper, j'étais trop petite pour atteindre les placards, alors il préférait me faire attendre debout dans un coin. Souvent, tandis que Gina et moi étions dans la cuisine, le type allait s'asseoir avec Amanda dans la salle à manger et discutait avec elle à voix basse. Je n'ose pas imaginer le genre d'idioties qu'il pouvait lui raconter.

On mangeait presque toujours la même chose : du riz et des haricots. Ces derniers pouvaient être de n'importe quelle couleur : noirs, rouges, roses... C'étaient toujours des haricots en boîte. Le riz blanc était de piètre qualité ; de temps à autre, il m'arrivait d'apercevoir de petits insectes dedans. Beurk. Quand on avait terminé de manger et de nettoyer, Gina et moi, Amanda devait se préparer sa propre assiette pendant qu'on restait assises dans la cuisine. J'ignore pour quelle raison il nous faisait manger séparément. Dieu seul le sait.

Une fois que tout le monde avait mangé, il nous faisait rester un moment en bas. Il nous offrait souvent quelques Corona, ou un petit verre de rhum. Durant mes premiers jours de séquestration, il avait tenté de me faire boire de l'alcool. Je n'en avais pas pris, à l'époque, préférant garder les idées claires. Mais, avec l'arrivée des autres filles, cela ne m'avait pas semblé être une mauvaise idée. Je n'aime pas vraiment le goût du rhum, mais, au moins, c'était efficace contre la douleur. C'était l'un des rares moyens d'oublier l'horreur de ce que je subissais. Pourquoi vouloir rester sobre quand on a l'impression de mourir ?

Je savais bien qu'il ne nous faisait pas boire par gentillesse, ça non. Il souhaitait simplement nous saouler pour qu'on soit plus détendues et qu'on accepte plus facilement de faire des choses répugnantes avec lui. Gina et moi envisagions souvent d'attendre qu'il soit trop ivre pour tenir debout pour nous enfuir. Malheureusement, cela ne se produisit jamais. Même après avoir beaucoup bu, il restait assis calmement, sans nous quitter du regard.

Un soir, alors que nous avions bu trop de bière, il me tendit son pistolet.

— Tue-moi, me dit-il d'un air sérieux.

Je demeurai figée, me demandant si l'arme était réellement chargée.

— C'est un jeu débile, finis-je par lui rétorquer.

J'étais certaine qu'il s'agissait encore d'une de ses ruses de cinglé. Puis il m'arracha le pistolet des mains et me le pointa sur la tempe.

— Ne tirez pas ! hurlai-je. Je vous en prie, ne me tuez pas !

Je me mis à trembler de tout mon être. Il s'apprêta à presser la détente, mais, avant qu'il puisse faire feu, je lui assenai un coup dans la main. Son arme fut projetée à l'autre bout de la cuisine. Lorsqu'elle retomba sur le sol, deux ou trois balles s'en échappèrent. *Oh, mon Dieu, il était vraiment chargé !*

J'avais eu si peur que je perdis connaissance et m'écroulai par terre. À mon réveil, je me trouvais à l'étage, enchaînée à Gina. Je n'aurais pas été étonnée qu'il m'ait tiré une balle en plein cœur. Après l'arrivée d'Amanda et de Gina, j'étais devenue la fille de la maison qu'il détestait le plus. Il me traitait de plus en plus mal, si c'était possible. Il me poussait constamment dans l'escalier, me battait, me donnait des coups de poing et m'injuriait. Et chaque fois qu'il avait terminé de me faire souffrir, il ne manquait pas de me rappeler :

— Tu es vraiment moche. Je ne supporte plus de te voir.

Avant d'ajouter :

— Au moins, je ne t'ai pas tuée.

Il maltraitait aussi Gina et Amanda. Je ne sais pas exactement ce qu'il faisait subir à Amanda, parce qu'elle était dans une autre chambre, mais il ne fait aucun doute qu'il s'en prenait également à elle. Parfois, je l'entendais. Mais, même si nous étions toutes traitées de façon atroce, c'était moi qui prenais le plus de coups. Et il me violait parfois jusqu'à quatre fois par jour.

Je me sentais vraiment sale et déprimée. À l'exception de Joey et sans doute de mes frères, j'avais du mal à trouver à qui je pouvais manquer. *Même si je parviens à échapper à ce salaud,* me disais-je souvent, *quel genre d'existence vais-je pouvoir retrouver dans le monde réel ? Quand tout ça sera terminé, qui sera vraiment là pour m'aimer ?* Les réponses à ces questions me donnaient parfois envie de me rouler en boule et de disparaître à tout jamais.

Que je sois vivante ou morte, ça ne change rien, parce que c'est ma vie que tu fous en l'air, et pas la tienne. Ce n'est pas en faisant souffrir les autres que la situation va s'améliorer ou que tu pourras quitter cette voie destructrice… Mon existence est bien trop précieuse pour que tu puisses te sentir autorisé à me retenir captive comme si elle n'avait aucune valeur, à anéantir tous mes espoirs et mes rêves, puis à prendre mon cœur en miettes et à le jeter aux ordures avec tout ce qui m'est cher. J'ai tout perdu, mais j'espère pouvoir tout retrouver. Je fais tout pour dissimuler la haine qui me ronge... Je sais que c'est mal d'avoir de telles pensées, mais je vis dans un monde peuplé d'êtres malfaisants, et je ne peux rien contre mes sentiments. Si tu avais subi tout ce que j'ai subi, tu saurais ce que je ressens... Être traitée comme une moins que rien, cela ne changera jamais, et je ne serai plus jamais la même.

*

* *

Les semaines suivantes, on passa énormément de temps, Gina et moi, à discuter d'un sujet en particulier : que pouvait-il bien dire à Amanda chaque fois qu'il se trouvait avec elle ? Parfois, quand il l'emmenait dans son cagibi, je l'entendais rire dans l'escalier, comme s'il passait un bon moment. Et lorsque nous étions toutes dans la cuisine, il trouvait toujours le moyen de la prendre à part, sans pour autant nous quitter des yeux, Gina et moi. Quand on mangeait tous à table, il s'asseyait à côté d'elle, à l'autre bout. On aurait dit qu'il se plaisait en sa compagnie et qu'il tentait de s'en faire une amie. Son attitude me donnait la chair de poule, et je me demandais avec inquiétude ce qu'il pouvait bien mijoter.

20

Les travaux forcés

Je sais que, dehors, la vie peut être merveilleuse et que quelqu'un tient à moi. Il nous suffit d'attendre que les gros nuages noirs s'en aillent pour que nous puissions enfin voir la superbe pluie, derrière les clowns qui se moquent de nous...

Il a fallu que je goûte à la saveur douce-amère de la vie et que j'affronte seule la douleur, avant la grandeur et la décadence. Il faut que je saisisse cette occasion unique afin de me libérer pour l'éternité.

Au début de l'année 2 004, un événement étrange se produisit : le type commença à prétendre qu'Amanda était sa femme. J'imaginai que, perturbé comme il l'était, il devait croire que c'était vraiment le cas. J'évitai tout de même de perdre trop de temps avec ce prétendu « mariage », parce que je trouvais cela complètement ridicule. Je me disais que si nous n'en tenions pas compte, cela finirait par lui passer. Mais je ne pus rester indifférente à ce qui arriva par la suite.

Une fois qu'il eut proclamé qu'Amanda et lui étaient ensemble, notre existence à toutes fut bouleversée. D'abord, il se mit à passer beaucoup plus de temps avec elle, en bas. J'entendais souvent leurs pas au rez-de-chaussée. Gina et moi l'entendions aussi regarder la télévision dans sa chambre. J'ignorais s'il continuait à l'enchaîner ou non. Ces soirs-là, quand nous étions tous dans la cuisine, il la faisait asseoir à côté de lui, soit à l'autre bout de la table, soit dans le salon, sur le canapé, d'où il pouvait continuer à nous surveiller.

À cette époque, il commença à me faire sortir un peu plus de la maison. Il me dit :

— Viens dans le jardin pour m'aider à travailler.

Il appela cela ses « travaux forcés ». Il s'agissait de déplacer des briques, de couper du bois et de vidanger l'un de ses véhicules. Une fois dehors, je ne me consacrai à ces tâches que brièvement. Avant que je puisse m'en rendre compte, il me plaqua contre le flanc de son fourgon bordeaux. Il arracha mes vêtements et me viola au milieu du jardin, en plein jour.

— Ne bouge pas, me chuchota-t-il en baissant la fermeture Éclair de son jean. Je vais te baiser comme jamais.

Il n'y avait pas de haie autour de la maison. N'importe quel passant aurait pu voir ce qui se passait. Et, après qu'il nous eut annoncé qu'Amanda et lui étaient mariés, les viols dehors se produisirent beaucoup plus fréquemment. Cela me poussa à me demander si, dans son esprit tordu, il ne tentait pas de lui cacher qu'il continuait à coucher avec moi. Il persista à violer Gina, aussi, mais j'avais l'impression que c'était moins souvent que moi.

Il donnait le sentiment d'être vraiment convaincu qu'Amanda était sa femme. Lorsqu'il était avec moi, il en parlait souvent. Un jour, après m'avoir fait sortir sur le perron de derrière, il m'annonça, d'un air tout à fait sérieux :

— J'ai appelé la mère d'Amanda.

Pardon ? J'eus soudain envie de vomir, malgré mon ventre vide – je mourais de faim.

— Je lui ai dit que sa fille était ma femme, désormais, et qu'elle n'avait rien à craindre parce qu'elle était avec moi. Et puis j'ai raccroché. (Il éclata de rire comme s'il s'agissait d'une plaisanterie très amusante.) Un jour, ajouta-t-il, je ferai de toi ma seconde épouse.

Je savais déjà qu'il était fou, mais lorsqu'il m'annonça cette nouvelle, je fus convaincue que c'était un démon échappé de l'enfer. J'eus envie de le frapper au visage. Je me contentai de regarder mes pieds et de le maudire entre mes dents. Dieu merci, il n'aborda plus jamais ce sujet.

Durant cette période, il y eut un autre changement dans la maison : il se mit à nous supprimer quelques-uns de nos petits privilèges. Jusque-là, il nous avait permis de nous nourrir deux fois par jour, Gina et moi, mais, soudain, on dut s'estimer heureuses d'avoir ne serait-ce qu'un repas. Il cessa de nous servir de l'alcool, au rez-de-chaussée. Parfois, nous n'avions qu'une part de pizza à nous partager. Je finis par devenir si maigre que je sentais mes os. Mon ventre grondait en permanence. Il dut resserrer mes chaînes, parce qu'elles devenaient trop lâches. J'étais si affamée que je tentais de dormir le plus possible pour oublier à quel point il fallait que je mange. Puis je me mis à rêver de nourriture. Du poulet frit qu'on servait à l'église baptiste. J'imaginais qu'on m'offrait une grosse part de gâteau au chocolat. Je me réveillais toujours à cause d'un affreux mal de ventre. C'était horrible.

Mais un changement fut encore plus horrible que tous les autres : il cessa de nous apporter des carnets à spirale.

— Vous ne le méritez pas, nous affirma-t-il un jour, à Gina et à moi.

Ses paroles me transpercèrent le cœur comme autant de couteaux. J'avais rempli chaque centimètre carré de ceux qu'il m'avait déjà donnés. Dans l'un d'eux, j'avais dessiné un crâne la bouche ouverte, comme un mort qui appellerait continuellement à l'aide. J'avais l'impression d'être ce crâne. Manquant de papier, on se mit à écrire au dos des emballages de hamburgers, par terre.

De temps à autre, il daignait nous apporter deux ou trois feuilles de papier, mais plus de carnets entiers. À de nombreuses reprises, je me retrouvai dans l'impossibilité de consigner mes mots, de faire mes esquisses... d'exprimer mes sentiments. Je ne pouvais plus rédiger de lettres à mon Joey. Je ne pouvais plus dessiner mes loups, mes papillons ou mes ours en peluche. J'eus l'impression d'avoir été de nouveau jetée dans ce sous-sol, où j'avais failli perdre la raison à cause de la peur et de l'ennui. On avait encore cette misérable télé, mais on savait que, s'il s'emportait contre nous pour une raison ou pour une autre, il était tout à fait capable de nous en priver pendant un moment. Sur la dernière page d'un de mes carnets, je rédigeai ce petit texte :

Derrière ces murs de béton, vous m'avez complètement laissée tomber. Je suis désormais convaincue que personne ne tient à moi. J'ai l'impression de mourir, ici. Parfois, je souffre tellement et je suis si abattue que je me sens impuissante. Je suis paralysée.

Je commence à devenir folle à force de me demander si je vais un jour pouvoir rentrer chez moi et revoir mon petit ange. Emprisonnée dans une cellule sans fenêtres, j'attends que quelqu'un vienne me porter secours. J'ai froid, je tremble, mais je ne suis pas encore entièrement brisée.

Le plus difficile, durant cette période, était d'avoir l'impression qu'il me traitait moins bien que les autres. Amanda avait le téléviseur couleur dans sa chambre, et, parfois, elle ripostait avec des phrases telles que :

— Rien ne m'oblige à vous obéir !

Même si je n'étais pas toujours dans la même pièce, jamais je ne l'ai vu la gifler quand elle tenait ce genre de propos. Mais moi, si j'avais le malheur de lui dire quoi que ce soit, il manquait rarement de me frapper au visage ou dans le ventre. Je ne dis pas qu'il se montrait « gentil » avec Amanda et Gina – loin de là ! –, mais j'avais l'impression d'être celle qu'il battait le plus. Et il me semblait être la seule qu'il violait certains jours. J'avais le sentiment de me trouver dans le couloir de la mort.

Je savais bien que ce n'était pas leur faute. Une seule personne était responsable de tout ce qui se produisait dans cette maison de l'horreur : le foutu malade qui nous y séquestrait.

En plus de tout cela, je tombai enceinte à quatre autres reprises pendant les années qui suivirent. Chaque fois, ce dément me le reprocha et m'obligea à me débarrasser du bébé. Chaque fois, j'eus l'impression de mourir à la fois physiquement et mentalement.

La mort me semble la meilleure solution à mon problème... J'espère pouvoir éviter d'en arriver là, parce que j'ai encore beaucoup de choses à vivre. Beaucoup de choses à dire et à faire avant d'en avoir terminé. Nous obéissons parce que nous y sommes obligées, pas parce que ça nous fait plaisir. Ce n'est pas notre vie, c'est le monde fantasmé de quelqu'un d'autre. Je suis prisonnière. C'est ta vie, en fin de compte, et c'est toi qui as tort, pas moi... Un jour, je mènerai ma vie comme si c'étaient mes derniers instants.

*

* *

Un après-midi, au printemps 2006, on apprit une terrible nouvelle. Sur notre petit téléviseur, on entendit, Gina et moi, que la mère d'Amanda, Louwana, était morte. Le journaliste affirma qu'elle avait fait tout ce qu'elle avait pu pour retrouver sa fille. En 2 004, elle avait même participé à l'émission « The Montel Williams Show » et demandé à une voyante si Amanda était encore en vie. La femme lui avait soutenu qu'elle n'était plus de ce monde. Malgré tout, Louwana avait poursuivi ses recherches. Je n'ose imaginer sa souffrance. « Elle a succombé à un arrêt cardiaque le 2 mars 2006 », expliqua le journaliste. Je ne pus m'empêcher de repenser à cet appel que le type prétendait lui avoir passé. S'il l'avait réellement appelée, il était fort probable qu'elle soit morte de chagrin.

Plus tard dans la journée, il nous ôta nos chaînes un court moment. J'ignore pour quelle raison il nous laissa libres de nos mouvements, mais il demeura à proximité pour nous surveiller. J'en profitai pour me rendre dans la chambre d'Amanda.

— Toutes mes condoléances, lui dis-je.

Elle me regarda fixement.

— Pourquoi ?

Je compris alors qu'elle n'était pas au courant.

— Ta mère vient de nous quitter, lui appris-je.

Elle fondit en larmes, et je préférai me retirer pour la laisser tranquille. De retour sur mon matelas, je l'entendis sangloter. Je me sentais très mal pour elle. Et furieuse que ce type l'ait enlevée à sa famille.

Quelques semaines plus tard, j'eus une autre surprise. Pendant deux semaines, j'entendis Amanda vomir dans sa chambre tous les matins. Alors que nous étions tous en bas, dans la cuisine, elle se plaignit de nausées et de ne rien pouvoir manger. Plus tard dans la soirée, quand le type m'emmena dans sa chambre, il évoqua l'état d'Amanda.

— Elle est peut-être enceinte...

— C'est certainement le cas, approuvai-je. Il va falloir que vous preniez un peu plus soin d'elle.

Si, dans son esprit tordu, ils étaient mariés, j'étais certaine qu'il ne la ferait pas avorter, contrairement à ce qu'il avait fait avec moi.

Il se tourna brusquement vers moi.

— Comment tu peux savoir ça ?

J'ignore où je trouvai tout ce courage, ce soir-là, mais je lui répondis avec une certaine condescendance.

— Vous verrez, dans quelques mois, quand le bébé naîtra.

Contrairement à ce que je craignais, il ne me frappa pas. Il esquissa un sourire, comme s'il était heureux qu'un enfant soit en route.

J'avais raison. Amanda ne m'avoua jamais qu'elle était enceinte, mais c'était inutile. À la vue de son gros ventre, cela devint rapidement une évidence.

Au bout de cinq ou six mois de grossesse, on aurait dit qu'elle avait un ballon de basket dans le ventre. J'avais tellement de questions à lui poser : souhaitait-elle garder l'enfant ? Était-elle heureuse d'être enceinte ? Était-elle nerveuse ? Effrayée ? Enthousiaste ? L'avait-il menacée de la faire avorter à coups de poing ? Mais, pendant toute cette période, on n'eut pas vraiment l'occasion de beaucoup discuter, Amanda et moi – « bonjour » et « au revoir », principalement. J'avais l'impression que le type était constamment dans les parages. J'avais du mal à imaginer ce qu'elle pouvait se dire. Cela me faisait penser à mes bébés… à celui auprès duquel je tentais de retourner, et à ceux que ce monstre avait tués.

À mon fils : tu es mon guide, la raison qui me pousse à attendre des jours meilleurs. Tu resteras à tout jamais dans mon cœur. Tu me montres la voie à suivre alors que les temps se font de plus en plus durs. Je pense à toi et à ce que nous ferons lorsque nous serons de nouveau réunis pour toujours. Plus rien ne pourra nous séparer, et, un jour, on reprendra tout de zéro, parce que tu es mon unique espoir de survie.

21

Un rayon de soleil dans la maison

« Alors que je me couche, je prie le Seigneur de veiller sur mon âme. Si je devais trouver la mort pendant mon sommeil, je prie le Seigneur d'accepter mon âme[1] *», pour que disparaissent toutes mes craintes et mes souffrances et que je sois de nouveau libre, pour que je ne sois plus obligée de rêver de pays lointains où je n'irai jamais, d'un amour que je ne connaîtrai jamais, d'une famille que j'ai toujours voulue mais que je n'ai jamais eue, ou d'un fils que je ne pourrai plus prendre dans mes bras pour lui dire combien je l'aime. Je prie pour la sécurité de mon fils, pour lui offrir une vie meilleure que la mienne, pleine d'amour, de joie et de sérénité. Je crois que j'ai vraiment besoin de m'en remettre aux prières, désormais. J'ai l'impression qu'hier encore je te tenais dans mes bras, mais ces jours heureux sont révolus. Il faut que je continue à aller de l'avant, que je me mette en quête de cette lumière au bout du tunnel.*

Au beau milieu de la nuit du 24 au 25 décembre 2006, je sentis qu'on me tapait sur l'épaule.

1. Prière enfantine récitée au moment du coucher *(N.d.T.)*.

— Debout, m'ordonna une voix.

Je me frottai les yeux et me redressai sur le matelas. À côté de moi, Gina était encore endormie.

— Amanda a des contractions depuis ce matin, m'annonça le type en m'ôtant mes chaînes. J'ai besoin de toi au sous-sol, il faut que tu m'aides à monter quelque chose.

J'avais l'esprit embrumé. J'en étais venue à détester Noël. Tous mes souvenirs avec Joey faisaient progressivement place à des horreurs. Le soir du réveillon, les chants de Noël se succédaient à la radio. J'avais du mal à me retenir de hurler. J'avais pris la décision de dormir toute la journée, mais le type m'avait réveillée. On descendit tous les deux au sous-sol.

Il y avait entreposé une petite piscine. Pas un modèle gonflable, mais une piscine avec des parois en plastique.

— Aide-moi à la monter, m'intima-t-il. On la fera s'asseoir là-dedans pour éviter qu'elle salisse le matelas.

Je ne souhaitais vraiment pas l'aider. Ce que je voulais, c'était retourner dans mon lit et me rendormir. Mais je n'avais pas le choix.

On traîna donc la piscine jusque dans la chambre d'Amanda, qui souffrait atrocement. On la déposa sur le matelas et il lui ordonna d'aller s'y installer. Je lui donnai mon pull pour qu'elle l'enroule autour d'elle car il faisait très froid, dans sa chambre. Je la saisis ensuite par le bras et l'aidai à prendre place dans le bassin. Une fois à l'intérieur, elle s'y étendit. Le type demeura dans la chambre, ne cessant de me menacer :

— Si ce bébé ne survit pas, je te tue.

Je m'efforçai de ne pas faire attention à lui et me concentrai sur ce que je pouvais faire pour aider Amanda. Le type ne nous était d'aucune aide, il n'avait aucune idée de ce qu'il fallait faire.

— Pousse fort, Amanda ! l'encourageai-je.

Lorsque sa magnifique petite fille finit par arriver, je compris aussitôt qu'il y avait un problème : elle avait le visage tout bleu. Elle ne respirait pas.

— Tu as intérêt à la faire respirer ! me hurla le type.

Les mains tremblantes, je me mis à réfléchir. *Mon Dieu, que faut-il que je fasse ? Comment vais-je pouvoir ramener ce bébé à la vie ?* Je déposai un linge humide sur le matelas et y étendis la fillette. Ensuite, je lui relevai la tête et lui appuyai sur le torse à plusieurs reprises. Ce faisant, je lui soufflai dans la bouche.

Au bout d'une minute environ, elle se mit à hurler.

Ce fut la mélodie la plus douce jamais entendue dans cette maison. Le type m'arracha le bébé des mains et l'emmena au rez-de-chaussée, probablement pour le nettoyer.

L'accouchement terminé, j'étais épuisée, complètement vidée. J'aidai Amanda à se laver et regagnai ma chambre pour aller me coucher. Dès que j'eus rejoint Gina sur le matelas, le type entra.

— Aide-moi à sortir cette piscine de là, m'ordonna-t-il.

Tandis qu'Amanda prenait son nouveau-né dans ses bras, on descendit le bassin dans le jardin, et on le lava pour le débarrasser du sang qui s'y était accumulé. Puis je remontai l'escalier et allai me recoucher. Il devait être 5 heures du matin. Voilà comment débuta ma journée de Noël 2006.

*
* *

Ce soir-là, je pus enfin tenir le nourrisson dans mes bras. Le type entra dans ma chambre et me le tendit. Amanda se reposait dans son lit.

— Et voilà ! dit-il avec un grand sourire.

La fillette était emmaillotée dans une vieille couverture miteuse qu'il avait dû trouver au fond de son placard.

Elle se mit à bâiller et leva les yeux vers moi.

— Qu'est-ce qu'elle est mignonne ! m'exclamai-je.

C'était le plus petit bébé que j'aie jamais eu l'occasion de voir. Je me figurai qu'elle devait peser deux kilos et demi, peut-être même un peu moins. Contrairement à tout dans cette maison, elle sentait le propre. Gina aussi était en extase.

Je contemplai son visage rond et ses yeux brillants, et, soudain, je sentis les larmes me monter aux yeux. Mon Joey me manquait tellement… Le type m'arracha aussitôt le bébé des bras et regagna la chambre d'Amanda. Le nourrisson pleura toute la nuit. Je priai pour que quelqu'un finisse par entendre ses cris et se demander pourquoi un nouveau-né hurlait dans la maison d'un homme censé vivre seul. Gina et moi espérions que la fillette puisse être notre porte de sortie.

La semaine suivante, le type nous autorisa plusieurs fois à aller rendre visite à Amanda dans sa chambre. Elle semblait épuisée. Son bébé et elle étaient généralement blottis l'un contre l'autre sur le matelas, car il n'y avait pas de berceau.

— Comment tu vas l'appeler ? demanda Gina.

— Je ne sais pas, répondit Amanda.

Elle baissa les yeux sur le nouveau-né qu'elle berçait dans ses bras. On se mit alors à proposer toutes sortes de prénoms.

— J'aime bien Jocelyn, finit-elle par annoncer.

La question était réglée : son petit ange allait s'appeler Jocelyn. Jade serait son second prénom. Le type se rendit alors dans un magasin et rapporta un oreiller rose avec une sorte de canard ou de poussin dessiné dessus. Il demanda ensuite à Amanda d'inscrire « Jocelyn Castro » sur l'étiquette de l'oreiller. En lisant son nom de famille, j'eus un haut-le-cœur. J'entendis Amanda insister auprès de lui pour que la fillette porte son propre nom.

— Elle peut très bien s'appeler Jocelyn Jade Berry, lui fit-elle remarquer.

J'avais raison, me dis-je. Jamais Amanda n'aurait accepté d'être la femme de ce con. Elle avait simplement tenté de le mener en bateau.

— Bon, d'accord pour Berry à l'intérieur de la maison, concéda-t-il. Mais je ne veux pas qu'on se demande qui est Berry. Alors, dehors, ce sera une Castro.

Dehors ? Ce fut le premier indice laissant supposer qu'il envisageait d'emmener la petite dans le monde réel. Ne craignait-il donc pas que les membres de sa famille ne se doutent qu'il menait une double vie ? Mais, encore une fois, ce type n'était pas du genre à beaucoup réfléchir.

Il donna à Amanda et Jocelyn notre chambre, la blanche, parce qu'elle était plus grande.

— Il lui faut plus de place, avec le bébé.

Il nous installa dans la chambre rose adjacente à la blanche. Cette même chambre rose où il m'avait attachée aux deux poteaux, le jour de mon enlèvement. Je pouvais désormais ouvrir la porte entre les deux pièces et entendre beaucoup mieux ce qui se passait avec Amanda et Jocelyn. En fait, la chambre était si petite que je pouvais pousser la porte communicante rien qu'en tendant le bras, même quand j'étais enchaînée sur mon matelas.

Je me moquais de savoir dans quelle pièce il me mettait. C'étaient toutes de véritables décharges. Mais, dans la chambre rose, la situation commença à s'améliorer légèrement. Il revint nous apporter à manger deux fois par jour et finit par me donner un nouveau carnet. Et surtout, il me laissa tranquille pendant quelques semaines. Je crois que la nouvelle venue avait détourné son attention. Avant même qu'elle soit en âge de comprendre où elle se trouvait, Jocelyn apportait déjà un peu de lumière dans nos vies.

Peu après la naissance de la fillette, le type libéra Amanda de ses chaînes.

— Je ne veux pas qu'elle te voie avec ça, l'entendis-je lui dire.

Elle n'avait toujours pas le droit de quitter sa chambre : il verrouilla sa porte et la nôtre. Mais, au moins, elle n'était plus contrainte de rester assise toute la journée sur ce matelas répugnant. Elle pouvait se déplacer avec sa fille, ou jouer avec elle dans la pièce.

J'ai adoré Jocelyn dès le premier regard. C'était un véritable trésor. Mais je n'eus pas souvent l'occasion de la tenir dans mes bras. Le type me considérait comme plus bas que terre. Il me traitait de moins que rien devant Amanda et Gina. Il me crachait au visage. Constamment, il me rappelait qu'aucun de mes proches ne me cherchait. Et, pour couronner le tout, il me hurlait dessus et me disait :

— C'est quoi, ton problème ? Tu es censée être heureuse !

Je savais qu'il voulait faire de moi quelqu'un d'autre. Je ne croyais pas tout ce qu'il disait sur moi, parce que je refusais de laisser les ténèbres l'emporter.

Mais cela ne m'empêchait pas d'adorer Jocelyn. Lorsque nous étions ensemble dans la cuisine, le soir, ma mission consistait à la tenir dans mes bras, pour qu'elle reste tranquille pendant que Gina cuisinait et que le type discutait avec Amanda. Je la berçais et lui chantais les mêmes chansons qu'à Joey. Je la faisais sauter sur mon genou. Elle était si gentille... Tant qu'elle n'avait pas la couche sale ou qu'elle n'avait pas faim, elle ne pleurait presque jamais.

Dans ma chambre, je me mis à confectionner des vêtements pour elle. Elle avait déjà deux ou trois tenues, mais tachées et délavées. On déchira donc quelques-uns de nos vieux tee-shirts, Gina et moi, et, à l'aide d'une aiguille et de fil que le type nous avait donnés, on lui confectionna quelques vêtements. On lui cousit des pantalons, de jolis chaussons et un tee-shirt à manches longues. Amanda sembla les adorer, mais quand il les vit, le type déclara :

— Qu'est-ce que c'est moche !

— Et alors ? Il fait froid, dehors ! m'exclamai-je. Il lui faut bien des vêtements, à ce bébé !

— Eh bien, je vais aller lui en acheter, répliqua-t-il. Arrête de lui fabriquer cette merde !

C'était un enfoiré d'égoïste.

D'un côté, cela me faisait très plaisir d'avoir Jocelyn avec nous. Cela me changeait les idées et m'évitait de penser à mes souffrances. C'était une lueur de joie au milieu de ténèbres qui me paraissaient sans fin. Mais, d'un autre côté, j'étais très triste pour elle. Lorsqu'on naît esclave, quel genre d'existence peut-on réellement avoir ? C'était donc à la fois une grande bénédiction pour nous, mais une terrible malédiction pour elle. Je rêvais qu'un jour cette petite fille innocente puisse être libre.

C'était tout ce que je souhaitais pour nous aussi. Je ne cessais de penser à Joey, et c'était ce qui me permettait de rester en vie. Je ne pouvais pas l'abandonner sans qu'il m'ait connue un peu mieux. J'entendais constamment sa petite voix dans mon esprit : « J'ai besoin de toi, maman ! »

Cela m'aidait à trouver la force d'aller de l'avant lorsque j'étais sur le point de baisser les bras.

Presque tous les soirs, je m'endormais en priant.

Mon Dieu… je ne me laisserai pas abattre par cette tragédie, et je ne lui permettrai pas de me marquer à vie. Je sais quelle est la voie à suivre. Je refuse de souffrir toute ma vie. Je souhaite que ma douleur se dissipe et qu'elle ne revienne plus jamais.

Ce qui ne me tue pas ne peut que me rendre plus forte. La mort pourrait sembler la solution la plus facile, mais je suis convaincue qu'il vaut mieux continuer à vivre la tête haute que de courber l'échine. Je regarde par la fenêtre de la douleur, et j'attends que cela se termine. Chaque jour est pour moi une nouvelle torture tant j'ai de la peine. Ressens-Tu ma souffrance ?

22
Juju et Chelsea

Pourquoi dois-je tant souffrir avant de pouvoir Te rejoindre ? Mon cœur est tellement empli de haine que j'en suis anéantie. J'espère simplement pouvoir rapidement redevenir moi-même, vivre libre à nouveau.

À toutes les femmes à qui l'on a dit qu'elles n'étaient rien : Ne vous laissez ni abattre ni détruire. Vous êtes quelqu'un, ne croyez personne qui vous dira le contraire. Je mérite vraiment de retrouver le sourire, même si la douleur est insupportable.

Quand on est séquestré, le temps fait quelque chose d'étrange : il semble suspendre son vol. Le meilleur moyen que j'avais trouvé pour avoir la preuve que les jours continuaient à s'égrener, c'était de regarder Jocelyn. En une nuit, le nourrisson fit place à une jolie fillette. Le type ne l'enchaînait jamais. C'était la raison pour laquelle elle passait parfois d'une chambre à l'autre, en se dandinant.

— Bonjour, ma jolie ! disais-je quand je la voyais franchir la porte communicante.

Elle souriait tout le temps et portait en permanence une couche en tissu. Parfois, quand elle était pleine, elle pendouillait un peu.

— Comment ça va, aujourd'hui ? lui demandais-je en la prenant dans mes bras.

Quand Gina et moi avons emménagé dans la chambre rose, j'eus beaucoup plus l'occasion de la tenir, surtout quand Amanda était en bas, dans la chambre du type, ou sous la douche. À l'époque, comme je l'ai dit plus haut, il nous autorisait à nous doucher une fois par semaine. C'était le grand luxe, après l'unique douche prise au cours de ma première année dans la maison.

Jocelyn avait près d'un an quand elle se mit à émettre des sons, comme si elle tentait de parler. Vers un an et demi, elle commença à prononcer quelques petits mots, comme « maman ». Un jour, le type vint nous voir et déclara :

— Je vais vous donner des noms d'emprunt. Je ne veux pas qu'elle connaisse vos véritables identités.

On s'interrogea du regard, Gina et moi.

— Je refuse que vous me donniez un autre nom, lui dis-je. Je vais en choisir un moi-même. Ce sera Lee. C'est le deuxième prénom de Joey.

— Choisis autre chose, parce que c'est trop lié à mes gamins, me rétorqua-t-il.

J'imagine que l'un de ses enfants devait avoir « Lee » comme premier ou deuxième prénom.

— Et pourquoi pas Angel ?

Il me fusilla du regard.

— On ne peut pas vraiment dire que tu ressembles à un ange.

— Eh bien, vous n'avez qu'à m'appeler Juju, lançai-je.

J'avais choisi ce nom parce que j'avais toujours adoré les jujubes, ces petits bonbons à base de gélatine.

— Très bien. (Il se tourna vers Gina.) Et toi, comment tu veux t'appeler ?

La voyant hausser les épaules, je lui proposai deux ou trois idées.

— Que dirais-tu de Hazel ? Ou de Chelsea ?

— Ça me plaît bien, Chelsea.

À partir de ce jour-là, chaque fois que Jocelyn se trouvait dans les parages, nous étions obligées de nous servir de nos faux noms, Juju et Chelsea.

Début 2009, alors que Jocelyn avait deux ans, un miracle se produisit : le type nous ôta nos chaînes, à Gina et à moi. Il ne le fit pas par bonté d'âme. C'était parce que Jocelyn commençait à être en âge de comprendre ce qui se passait autour d'elle. Il lui arrivait de venir près de notre lit et de désigner nos chaînes. Parfois, elle tirait même dessus.

— Juju, chaînes ? tentait-elle de dire.

— Enlève-la de là ! s'écriait-il quand il la voyait toucher les chaînes. Il ne faut pas qu'elle voie ça.

Il se souciait plus du fait que cette fillette voie nos chaînes que de nous, qui en étions prisonnières.

À cette époque, il commença à nous faire descendre plus souvent. Le week-end, il nous autorisait parfois à rester pendant quelques heures dans la cuisine ou le salon.

— Je vous fais un peu plus confiance, maintenant, nous expliqua-t-il.

Je me remis à chercher un moyen de nous enfuir. J'en fis part à Gina.

— On pourrait peut-être sortir par la porte de derrière quand il est en train de discuter avec Amanda sur le canapé, suggérai-je.

Elle me dévisagea sans me répondre. C'était parce qu'elle savait aussi bien que moi ce qui se passerait : il avait un pistolet, et si l'on tentait de s'échapper, il n'hésiterait pas à s'en servir. Et, même si l'on parvenait à s'enfuir, il s'en prendrait à Amanda et à Jocelyn. Notre plan ne fonctionnerait que si nous parvenions toutes à lui échapper.

Parfois, il lui arrivait de ne pas verrouiller nos portes, mais ce n'était encore qu'un de ses tests. Moins d'une minute après s'être éloigné, il revenait discrètement et passait la tête dans l'entrebâillement. Généralement, il ne disait pas un mot, et se contentait de vérifier que nous n'avions pas bougé d'un pouce. De temps à autre, il proférait l'une de ses menaces :

— Si vous trahissez ma confiance, vous le paierez cher.

La plupart du temps, il gardait son pistolet à la taille, mais, pour être franche, il n'en avait pas besoin. Depuis 2008, on commençait à avoir l'habitude. Au bout de plusieurs années de séquestration se produit un phénomène étrange : ce ne sont plus nos chevilles ou nos poignets qui sont enchaînés, mais notre esprit. Est-ce que je voulais toujours fuir ce cachot et aller rejoindre Joey ? Pas un jour ne s'écoulait sans que j'y pense. À cette époque, cela faisait déjà six ans que j'étais prisonnière. Mais, après avoir été violé, humilié, battu et enchaîné pendant si longtemps, on prend l'habitude de faire ce qu'on nous dit. Notre esprit commence à se désagréger. On n'est plus capable d'imaginer que la situation puisse être différente. Et on a l'impression que son ravisseur voit tout et qu'il sait tout.

Mes ailes déployées, je suis prête à prendre mon envol. Lorsque je ferme les yeux, je ne veux voir que toi. Quand nos rêves vont-ils finir par se réaliser pour que nous puissions vivre au grand jour et non plus dans les ténèbres, où nous n'avons pas notre place ?

*

* *

— Oooh, j'adore son gros cul, déclara le type avec un regard lubrique.

Nous étions tous, y compris le bébé, avec lui dans le salon. Il nous avait rassemblées pour regarder l'une de ses émissions préférées, « L'incroyable famille Kardashian ». Kim Kardashian était à l'écran.

— Je rêverais de la prendre par-derrière sur-le-champ ! s'exclama-t-il.

J'étais tellement habituée à toutes ses saletés que je ne levai même pas les yeux. Jocelyn, qui avait presque trois ans à l'époque, courait dans le salon en gloussant.

Une fois l'émission terminée, il me demanda de lui masser le dos.

— Ça me fait mal, m'expliqua-t-il.

À cette époque, il s'était mis à me demander de le masser presque tous les soirs. Beurk. Lorsque je posai les mains sur son dos, le téléphone se mit à sonner. Il répondit en espagnol et raccrocha presque aussitôt.

— C'est encore cette femme, nous expliqua-t-il, comme si cela nous intéressait.

Toute la semaine, il nous avait répété qu'il avait fait la connaissance d'une femme dans une boîte de nuit. J'imagine qu'il devait la trouver sexy.

— Je ne sais pas pourquoi elle continue à m'appeler ici, ajouta-t-il.

La sonnerie du téléphone retentit de nouveau. Il décrocha et répondit quelque chose d'autre en espagnol. Il semblait contrarié. Puis il tendit le combiné à Amanda.

— Dis-lui d'arrêter d'appeler.

Il lui lança un regard menaçant. Amanda le regarda fixement un long moment, avant d'obtempérer. Ensuite, il lui arracha le téléphone des mains et raccrocha.

J'avais l'esprit en ébullition : *Aurais-je eu le courage de supplier cette femme d'appeler les secours alors que le type se trouvait juste là ?* Je n'en étais pas sûre. Je me laissai tomber sur le canapé, laissant une larme rouler sur ma joue.

— Juju en colère ? demanda Jocelyn en me voyant sangloter.

Je n'étais pas en colère. Juste horriblement frustrée de me sentir piégée à ce point.

Au bout d'un moment, il me força à retourner derrière lui pour le masser. J'enfonçai les doigts dans sa peau, mais je n'avais qu'une envie, les refermer autour de son cou et l'étrangler.

Plus tard, dans la même pièce, Gina et moi, on se mit à parler tout bas de ce qui venait de se produire. Une chose était devenue très claire pour moi : si je voulais sortir un jour de cette prison, je devrais le faire par moi-même.

Chaque fois que je vois un papillon éclatant et débordant d'énergie, cela me rappelle à quel point la vie est précieuse, car il peut voler librement, sans qui que ce soit pour lui dire quoi faire. J'attends ce moment où je pourrai enfin vivre librement, sans soucis, ni souffrances, ni larmes. Heureuse au milieu des éclats de rire. Un jour, je pourrai mener ma vie comme ce papillon. Je ne serai plus triste.

23
La moutarde

Dieu n'est pas encore prêt à me recevoir. Comment suis-je censée réagir alors que mon univers est en train de se désagréger, que tout ce qui m'entoure se dissipe et que l'amour fait place à la haine ? Tout ce que j'ai fait par le passé, je ne peux plus le refaire, parce que je suis anéantie au plus profond de mon être.

Quand Jocelyn eut deux ans et demi, le type commença à la faire sortir de la maison. Il se mit aussi à aller à l'église tous les dimanches. Je crois qu'il était catholique, ou pentecôtiste. C'étaient les deux seules Églises auxquelles je l'avais entendu faire allusion.

— Il faut que la religion commence à jouer un rôle dans la vie de ma fille, m'annonça-t-il un après-midi. Il faut qu'elle apprenne l'existence de Dieu.

L'hypocrite venait de me violer. *Comme tu veux, ducon.*

Le dimanche était le seul jour de la semaine où il prenait un bain. Le jour où j'entendais les tuyaux claquer dans la salle de bains. Il adorait exhiber Jocelyn. Il semblait ravi d'avoir un nouvel enfant chez lui et dans sa vie.

— Ma famille s'éloigne de plus en plus de moi, me répétait-il souvent. Mais maintenant, j'en ai une nouvelle.

Dans son esprit de dément, il se prenait pour un bon père. C'était l'une des raisons pour lesquelles il amenait Jocelyn à l'église. Je suppose qu'il devait trouver qu'il n'y avait aucun risque à la montrer, puisque personne ne la recherchait. Sa naissance n'avait pas été déclarée. Personne n'était au courant de son existence.

Il eut aussi le culot de la présenter à ses copains. À mon avis, c'était tout aussi crétin que d'avoir fait monter son petit-fils à l'étage.

— Je vais la faire descendre, pour qu'elle fasse connaissance avec les gars, l'entendis-je déclarer à Amanda, un samedi.

À l'époque, j'ignorais de quelle manière il leur avait expliqué sa présence dans cette maison. Des années plus tard, dans un article, je lus qu'il avait raconté à tout le monde que Jocelyn était la fille de sa petite amie. Peut-être que ces gens l'ont cru. Peut-être pas. En tout cas, même s'ils ont trouvé quelque chose de louche, ils n'ont jamais appelé les flics pour leur demander de venir jeter un coup d'œil.

Comme nous, Jocelyn restait la plupart du temps à l'intérieur. La seule différence étant qu'elle était libre de gravir et de descendre l'escalier à sa guise, si le type était à la maison. En revenant du travail, il déverrouillait la porte d'Amanda.

— Je la fais descendre un moment, disait-il.

J'ignore ce qu'ils faisaient en bas. J'eus parfois l'impression qu'il regardait des dessins animés avec elle. Ma plus grande crainte était que lorsqu'elle commencerait à grandir il se mette à la tripoter.

Plus Jocelyn grandissait, plus j'avais tendance à la protéger. L'absence de Joey était l'épreuve que j'avais le plus de mal à surmonter. Et le fait de passer du temps avec Jocelyn m'apaisait un peu. On s'amusait comme des folles, toutes les deux. Le type lui avait acheté toutes sortes de jeux et de jouets. Elle avait même une Xbox et un lecteur de DVD. Je la voyais environ une heure par jour, généralement quand il était au travail. Lorsqu'elle en avait l'autorisation, Jocelyn venait faire du coloriage dans ma chambre.

— Regarde, Juju ! s'exclamait-elle en désignant une image dans son livre de coloriage.

Elle dessinait de la même façon que Joey, en remplissant la page de crayon de couleur.

— C'est drôlement joli ! la félicitais-je alors.

Un jour, je l'aidai à dessiner un Hello Kitty. Je réalisai d'abord une esquisse qu'elle s'efforça ensuite de reproduire.

— C'est très bien ! la complimentai-je.

Elle m'adressa un large sourire.

— Tu es une grande fille, maintenant !

À l'aide de Scotch, j'accrochai ses œuvres à mon mur, juste à côté de la rangée de cartes que j'avais dessinées pour fêter les anniversaires de Joey. L'un de mes murs était couvert de dessins. Parfois, quand le type était de mauvaise humeur, il en arrachait une partie. Quand cela se produisait, j'en faisais d'autres, et je les accrochais de nouveau.

Dans l'ensemble, il tentait de cacher ses abus sexuels à sa fille. Il ne devait pas vouloir qu'elle voie quel démon il était. Mais il lui arrivait parfois de me frapper devant elle. Un soir, nous étions tous dans la cuisine. Amanda et Gina préparaient notre repas habituel à base de riz et de haricots, tandis que la mère de Jocelyn en écrasait un peu pour sa fille.

— Putain de salope ! me hurla-t-il.

Il me gifla avec le revers de sa grande main. Gina et Amanda se figèrent. Je ne me rappelle plus ce que j'avais fait pour le contrarier. Il ne lui en fallait généralement pas beaucoup pour s'énerver.

Jocelyn, qui s'amusait toute seule dans un coin de la cuisine, se tourna vers nous. Elle demeura immobile. Elle devait se demander pourquoi son père se montrait si méchant envers tata Juju.

Une fois, au beau milieu de la nuit, elle se réveilla en hurlant. Elle avait fait un cauchemar. Elle criait si fort qu'elle avait dû réveiller tout le voisinage. Le type gravit les marches quatre à quatre et jaillit dans sa chambre. La porte communicante étant ouverte, je fus témoin de tout ce qui se passa cette nuit-là.

— Fais-la taire ! hurla-t-il à Amanda.

Celle-ci tenta de la calmer en la berçant et en lui caressant le dos, mais Jocelyn ne semblait pas vouloir cesser de sangloter. Alors, il lui plaqua la main sur la bouche et le nez.

— Tais-toi ! lui ordonna-t-il.

Va-t-il lui faire mal ? me demandai-je. J'aurais voulu lui assener un coup de poing magistral. Amanda aussi était contrariée, cela se lisait sur son visage. Sa fille finit par se calmer, du moins jusqu'au cauchemar suivant. Parfois, quand Jocelyn se réveillait en hurlant, je tentais d'aider Amanda avec une berceuse. Aucune d'entre nous ne souhaitait que le type revienne poser ses sales pattes sur la fillette.

Après l'un de ses cauchemars, Jocelyn me raconta :

— Un méchant monsieur essayait de faire du mal aux gens.

— Ce n'est rien, lui assurai-je. Tout va bien.

Le type n'avait peut-être jamais frappé sa fille, mais les blessures qu'il lui avait infligées semblaient très profondes.

*

* *

Durant l'été 2012, Gina commença à avoir des démangeaisons. Beaucoup. Elle avait de petits points rouges partout sur le corps.

— Qu'est-ce que c'est, à ton avis ? me demanda-t-elle en se grattant le bras.

— Ça pourrait être la varicelle.

En tout cas, elle se grattait énormément. Le type ne sembla pas s'en inquiéter, mais, le lendemain, il lui apporta de la crème censée faire cesser les démangeaisons. Sans succès.

Les jours suivants, elle se mit à avoir de plus en plus de boutons, mais je remarquai qu'ils ne formaient pas de vésicules. Ils ressemblaient plus à des piqûres de moustiques. Un après-midi, je compris tout.

— Ce n'est pas la varicelle, déclarai-je à Gina et au type. Ce sont des punaises de lit.

Je venais de voir l'une de ces petites bestioles traverser le matelas. Je la saisis et la brandis sous son nez.

— Putain de merde ! s'exclama-t-il. Tu as raison. On ferait bien de fermer la porte pour éviter qu'elles aillent dans la chambre d'Amanda et de Jocelyn.

Voici ce qui se produit quand on est sale : on attire les punaises de lit. Il n'avait pas acheté le matelas dans un magasin : il m'avait expliqué qu'il l'avait trouvé dans une ruelle.

— Un matelas, ça sert juste à se coucher dessus, m'avait-il dit. Quelle importance s'il est un peu taché ?

En 2012, ce lit était plus qu'« un peu taché ». Il était gorgé de saletés, de sperme, de salive et de sang. Il était si crasseux que je m'étonne de ne pas avoir eu de punaises de lit plus tôt. Et lorsque le type avait décidé de fermer les portes de notre chambre, il devait faire quarante degrés dehors. C'était une véritable fournaise, sans aucune ventilation. Gina et moi transpirions énormément. Mais, même après que je lui eus montré l'insecte, il refusa de jeter le matelas. Au contraire, il revint dans la chambre avec une gigantesque bâche en plastique.

— Mettez-vous là-dessus. (Il jeta la bâche sur le matelas.) Bon, j'espère qu'elles vont mourir.

J'espère que toi aussi, tu vas mourir ! songeai-je. Au bout de quelques jours, je commençai aussi à me faire piquer. Je savais que cela allait finir par arriver. Il est impossible de dormir sur un matelas peuplé de punaises de lit et de ne pas se faire dévorer tout cru. Au bout du compte, on finit toutes les deux par se retrouver couvertes de points rouges, de la tête aux pieds. Parfois, on avait l'impression que le nombre de piqûres diminuait, mais, chaque fois qu'elles commençaient à partir, on en gagnait de nouvelles. C'était exactement comme ce que nous vivions au sein de la maison : dès que l'on commençait à se dire que la situation allait en s'améliorant, elle empirait de nouveau. Il y avait toujours une nouvelle catastrophe qui nous attendait.

On passa l'été à se gratter et à chercher de la fraîcheur. Il ne se produisit qu'une seule chose agréable, cet été-là. Tandis que nous étions dans la cuisine, le type permit à Gina de jeter un coup d'œil au journal. Sur une publicité, elle remarqua une robe qui me plairait certainement. Plus tard, profitant de ce que je n'étais pas dans les parages, elle supplia le type de me l'acheter avec l'argent qu'elle avait « gagné », ce gros tas de billets qu'il nous jetait constamment comme si nous étions ses petites putains. Je n'aurais jamais cru qu'il irait acheter cette robe, mais j'avais tort. Gina me raconta toute l'histoire bien plus tard. Ce fut la seule et unique fois qu'il nous autorisa à « acheter » quelque chose avec « notre argent ».

Quand Gina me fit la surprise, je fus aux anges.

— Elle est magnifique ! Je l'adore !

Il s'agissait d'une robe d'été très colorée, avec du rose, du vert et du bleu. Elle était si longue qu'elle m'arrivait aux chevilles. Je la portais très souvent, par-dessus toutes ces terribles piqûres de punaises de lit.

Les longues journées étouffantes se faisaient lentement plus fraîches et plus courtes, mais les viols conservaient le même rythme quotidien. Parfois, je tentais de m'enfermer dans ma bulle en réfléchissant à un moyen de m'échapper. Et un jour j'annonçai à Gina :

— On ferait bien de commencer à faire de l'exercice pour devenir plus fortes et lui mettre une bonne raclée.

Elle éclata de rire. Mais, quelques jours plus tard, on entama un programme d'entraînement. Tous les matins, on se mettait par terre et on faisait une série d'abdominaux et de pompes, même si je me sentais particulièrement faible.

— Il faut qu'on parvienne à se muscler suffisamment pour pouvoir s'échapper d'ici, déclarai-je une fois au milieu d'une série d'abdos.

Gina acquiesça et poursuivit son entraînement.

— Oh, que oui, insistai-je. On va se tirer d'ici !

On se muscla légèrement, mais on demeura prisonnières de cette maison de Seymour Avenue.

Vers la fin du mois de septembre, je dus mettre un terme à mes exercices. J'avais envie de vomir et des pertes de lait. J'étais tombée enceinte pour la cinquième fois depuis le début de ma captivité.

*

* *

Cet automne-là, alors que Jocelyn avait cinq ans, le type la conduisit à je ne sais quel carnaval ou fête foraine. Ils revinrent avec de quoi manger.

— Jocelyn a voulu vous acheter des hot dogs, annonça-t-il.

Le seul problème, c'était que la saucisse était couverte de moutarde… et que j'y étais allergique.

À huit ans, j'avais mangé des œufs mimosas. Au bout d'un quart d'heure, mon visage s'était mis à gonfler et à rougir. Je ne pouvais plus respirer. Ma mère avait dû me conduire aux urgences. Les médecins m'avaient fait des analyses et avaient découvert que j'étais allergique à la moutarde.

— Ça aurait pu la tuer, avait fait remarquer le médecin à ma mère.

Je n'avais plus mangé de moutarde depuis. Alors, quand le type nous proposa ses hot dogs imbibés de moutarde, je savais à quel point c'était dangereux pour moi. Lui aussi était au courant : chaque fois qu'il allait chercher des hamburgers chez McDonald's, je refusais de les manger s'il avait oublié de leur demander de ne pas mettre de moutarde. Mais, ce jour-là, il insista pour que je mange tout de même mon hot dog. Il le posa sur le matelas.

— Si tu ne le manges pas, tu n'auras rien d'autre.

Quelques jours auparavant, il avait recommencé à tenter de me faire mourir de faim.

— Je vais t'apprendre à obéir, m'avait-il dit.

Il avait cessé de me faire descendre pour dîner. À cette époque, il avait aussi deviné que j'étais enceinte, parce que je m'étais mise à vomir. Cela lui avait donné une bonne raison de m'affamer.

— Tant que je serai là, tu n'auras pas de bébé dans cette maison.

Pour couronner le tout, j'avais l'impression d'avoir contracté un virus ou un rhume de cerveau. Je toussais et reniflais en permanence. Et j'avais mal au ventre à force de ne rien manger. Alors, même en sachant que la moutarde pouvait me faire beaucoup de mal, je fus tentée de manger ce hot dog. Au début, je ne pouvais rien garder à cause de mes nausées, mais, au fil de ma grossesse, j'avais retrouvé l'appétit. À ce stade, j'avais si faim que je me suis dit : *Peut-être que si j'enlève la moutarde, ça ira.* Croyez-moi, on est prêt à tout quand on meurt de faim, surtout lorsqu'on ignore quand on aura de nouveau l'occasion de manger.

— Mange ça ou je te descends ! m'ordonna-t-il.

Quitte à mourir, autant que ce soit le ventre plein, me dis-je. Je m'emparai donc du hot dog et en ôtai une bonne partie de la moutarde à l'aide du bas de mon tee-shirt. Je portai le sandwich à ma bouche, en pris une bouchée, et retins mon souffle.

En quelques minutes, mon visage se mit à gonfler. Ma gorge se serra. J'eus l'impression qu'on m'éventrait.

— Tu as vraiment une sale mine, me confia Gina.

Le type s'en moquait. Il n'avait pas l'intention de m'amener à l'hôpital. Il se contenta de hausser les épaules.

— Ça passera, dit-il avant de quitter la pièce.

Ce soir-là, je m'étendis sur mon matelas et priai pour que la moutarde quitte rapidement mon organisme.

— Si Tu m'écoutes, mon Dieu, chuchotai-je, il faut que Tu me viennes en aide tout de suite.

Mais mon état empira. Énormément. Le lendemain matin, j'avais le visage deux fois plus gonflé que la veille. J'étais rouge comme une tomate. Je ne sentais plus ni ma gorge ni ma langue. Lorsque Gina se réveilla et se tourna vers moi, je lus de l'effroi dans son regard.

— Oh, mon Dieu, qu'est-ce qu'on doit faire ? demanda-t-elle.

Je n'avais même plus la force de lui répondre.

Le deuxième jour, le type finit par s'inquiéter. Non seulement mon visage avait doublé de volume, mais j'avais aussi une toux incroyablement grasse. Il m'apporta un gros flacon de sirop contre la toux.

— Prends un peu de ça, me conseilla-t-il en jetant le flacon sur le lit.

Je le vidai en quelques jours. Cela apaisa un peu ma toux mais n'eut aucun effet contre les autres symptômes. Le type apporta des haricots noirs en boîte, ainsi qu'un peu d'eau. Gina les écrasa et m'aida à manger. Comme j'avais du mal à ouvrir suffisamment la bouche pour pouvoir me désaltérer, elle me fit boire à la paille.

Le cinquième jour, je ne pouvais plus bouger du tout, et encore moins ouvrir la bouche. Je n'avais jamais tant souffert de ma vie.

— Je n'en peux plus, dis-je doucement à Gina.

J'avais perdu toute envie de me battre.

Elle se blottit à mes côtés sur le matelas et posa ma tête sur ses genoux.

— Il faut que tu restes forte pour Joey, Michelle, m'encouragea-t-elle. Ton fils t'aime. Il a besoin de toi. Tu ne peux pas t'en aller comme ça. Je t'en prie.

D'un côté, je voulais rester, mais, d'un autre, je voulais mourir. Comment pouvais-je continuer à vivre dans ces conditions ? Si je parvenais à surmonter cette épreuve, aurais-je la possibilité de retourner auprès de Joey ? Est-ce que le fait de mourir pourrait mettre fin à mes souffrances ? Ce fut la dernière chose à laquelle je pensai avant qu'un voile noir s'abatte sur moi.

Ce qui se produisit ensuite me fait encore frissonner chaque fois que j'évoque le sujet. Juste après avoir perdu connaissance, j'ouvris les yeux et vis une lumière blanche. Elle était plus brillante que toutes celles que j'avais eu l'occasion de voir. Puis, soudain, j'entendis une voix grave.

— Ton heure n'est pas venue, Michelle. Ton heure n'est pas venue.

Je me sentis plus légère qu'une plume. Puis j'entendis une autre voix. Cette fois, c'était celle de Gina.

— Reprends-toi, disait-elle. Tu peux surmonter cette épreuve. Je sais que tu le peux. Joey t'aime. Et moi aussi, je t'aime.

En ouvrant les yeux, je compris que j'étais encore dans cette maison. Sur ce matelas crasseux. Que j'étais coincée dans cette existence qui m'avait conduite aux portes de la mort. J'avais mis un pied dans l'au-delà. J'en suis certaine. Ce que j'ai vu et entendu, je ne l'ai pas inventé.

Plus de mille fois dans ma vie, j'avais demandé à Dieu de Se manifester. Comme lorsque ce membre de ma famille avait commencé à me maltraiter. Quand j'étais restée grelottante sous ce pont. Quand le type m'avait accrochée aux poteaux dans cette chambre rose. Je n'avais pas eu la certitude que Dieu m'avait entendue, ni même qu'Il S'était donné la peine de m'écouter. Mais la voix que j'entendis cette nuit-là me convainquit d'une chose : Dieu existait. Absolument. J'ignore pourquoi Il m'a laissée subir tant d'atrocités. Je crois que je n'obtiendrai jamais la réponse à cette question, et il m'arrive d'être furieuse quand j'y repense. Mais il n'y a qu'une façon d'expliquer pourquoi je n'y suis pas restée, cette nuit-là : c'est Dieu qui m'a ramenée.

Je L'ai vu. Je L'ai entendu. Et, pour le restant de mes jours, je n'en douterai plus. Il fallut encore cinq jours pour que mes gonflements se dissipent entièrement. Pendant tout ce temps, Gina resta à mes côtés. Elle me nourrit. Elle épongea la sueur sur mon front avec la paume de sa main. Elle m'encouragea à aller de l'avant. Parfois, Dieu Se manifeste sous la forme d'une voix grave et d'une lumière éclatante. D'autres fois, sous celle d'une amie du nom de Gina. En cette nuit de 2012, Il Se montra à moi sous Ses deux apparences.

24
Brisée

Avec tout ce que tu m'as mis dans le crâne, tu m'as fait horriblement souffrir. Il faut que je raconte mon histoire. Pour moi, tout est parfaitement limpide, je sais qui tu es et tout ce que tu m'as volé. Ton âme appartient au diable.

Le réveil du type sonnait tous les matins à la même heure, mais, vers novembre 2012, je cessai de l'entendre se lever. Il continua à nous monter des cochonneries à manger, mais il commença à venir plus tard dans la matinée. Et il ne portait plus son uniforme de chauffeur de bus. Je compris alors qu'il ne travaillait pas. Cela faisait près d'une semaine qu'il restait chez lui toute la journée quand je l'entendis en parler à Amanda.

— Vous ne travaillez pas ? lui demanda-t-elle, un après-midi.

— Non, lui répondit-il. Je me suis fait virer.

Maintenant qu'il était là tout le temps, il s'en prenait à moi à toute heure du jour et de la nuit. Les animateurs radio s'étant mis à évoquer les vacances et à diffuser des chants de Noël, je me sentis tomber en dépression. On approchait des fêtes de fin d'année.

J'allais passer mon onzième Noël dans cette prison. Toute l'année, je songeais à Joey, mais, à Noël, je ne pensais plus qu'à lui. J'avais manqué tant d'années de sa vie. Si je le revoyais, il se pouvait même que je ne le reconnaisse pas ! Fin 2012, il avait treize ans. C'était un adolescent. Je me demandais s'il était aussi grand que son père. S'il était toujours aussi fou de sport. S'il se souvenait encore de sa mère. Ce n'était évidemment plus le petit bonhomme que je prenais dans mes bras. Je me mis à pleurer pour mes deux enfants, celui que je n'avais pas vu depuis une dizaine d'années, et celui qui grandissait dans mon ventre. À l'époque, j'étais enceinte de près de trois mois. Le type n'était pas parvenu à me faire avorter en m'affamant.

Le seul bon côté de Noël, c'était l'anniversaire de Jocelyn. En décembre 2012, elle eut six ans. Je sais que cela peut sembler fou, mais, chaque année, le type organisait une fête en son honneur. Pas une fête ordinaire avec d'autres enfants, mais simplement pour nous quatre, ses prisonnières. Dans le salon, Amanda et Gina accrochaient des serpentins et une grande banderole sur laquelle était inscrit : « Joyeux anniversaire ! » Elles gonflaient quelques ballons colorés et le type achetait un gâteau. Mais on mangeait le même fichu riz accompagné de haricots. Et, bien sûr, il mettait sa même foutue salsa.

Pour une raison que j'ignore, il ne m'autorisa pas à descendre pour aider les filles à décorer le salon. Il ne me permit de me joindre à la fête qu'à la fin. J'adorais Jocelyn et je voulais vraiment qu'elle se souvienne de ce jour-là, mais j'étais si affamée et si épuisée que j'avais du mal à descendre l'escalier. Il finit par venir me chercher dans ma chambre.

— Tu n'as pas grand-chose à faire là, me déclara-t-il.

Alors, pourquoi m'obliges-tu à descendre ? me demandai-je. J'étais à peu près certaine que c'était pour me narguer, pour me rappeler tous les anniversaires que je n'avais pas célébrés avec Joey.

— Assieds-toi dans l'escalier et reste là.

Je me laissai tomber sur la première marche.

Il filma la fête, mais n'autorisa que Jocelyn et Amanda à figurer sur la bande. J'ignore pourquoi il prit le risque idiot de filmer Amanda. Pendant des années, son visage était apparu à tous les journaux télévisés, et, sur la vidéo, on reconnaîtrait la fille qui s'était fait enlever à la sortie du Burger King.

— *Joyeux anniversaire*, chanta-t-on. *Joyeux anniversaire, Jocelyn. Joyeux anniversaire !*

Elle se tourna vers sa mère avec un grand sourire. On l'applaudit. Même si je me sentais dans un état déplorable, j'étais contente de la voir heureuse.

Une fois la fête terminée, Amanda, Jocelyn et Gina remontèrent à l'étage.

— Tu restes là, m'ordonna-t-il.

Je crus qu'il allait m'emmener dans son cagibi, ou dans le jardin. J'étais certaine que cette petite fête l'avait excité. Mais il me désigna l'escalier qui menait au sous-sol.

— Allez.

Lorsque je commençai à descendre, il m'emboîta le pas. J'avais la chair de poule. *Que va-t-il se passer ?*

Quand je posai le pied sur la troisième marche, il me poussa dans le dos. Je trébuchai et dévalai l'escalier jusqu'en bas, où je heurtai l'angle d'une bibliothèque.

— Il est temps de s'occuper de ça ! s'écria-t-il. Je vais te soigner de telle sorte que tu ne pourras plus jamais avoir d'enfants !

Pliée en deux, face contre terre, je l'entendis poser ses rangers sur la marche du bas. Puis il me donna un coup de pied dans le ventre.

— Arrêtez ! hurlai-je à pleins poumons. Je vous en prie, ne tuez pas encore mon bébé !

Mais il continua. Il me donna des coups de ranger dans le ventre à plusieurs reprises.

— Tu ne quitteras ce sous-sol que lorsque le bébé sera parti ! cria-t-il.

Puis il me frappa au visage avec le plat de la main.

Pendant qu'il remontait l'escalier d'un pas lourd, je restai là à sangloter.

— Mon Dieu, aidez-moi ! hurlai-je. Je Vous en supplie, aidez-moi !

Je serrai les bras contre mon ventre pour dissiper la douleur. En haut, il monta le volume de sa salsa. Mes cris d'hystérique se mêlèrent aux paroles de la chanson. Sans cesser de pleurer, je tentai de me relever, mais, avant que j'y sois parvenue, il redescendit.

— Ferme-la, putain ! hurla-t-il. Si tu n'arrêtes pas de crier, je vais vraiment te tuer !

Puis il me saisit par le dos de mon tee-shirt et me traîna dans l'escalier, jusque dans ma chambre.

Au bout de quatre jours, je me mis à saigner. Le type entra dans la chambre et me traîna jusqu'à la salle de bains, au rez-de-chaussée.

— J'espère pour toi que ce bébé est mort, déclara-t-il.

Il ferma la porte de la salle de bains à toute volée et s'éloigna.

Je rampai jusqu'aux toilettes et baissai mon pantalon de jogging. Je parvins à me hisser sur les cabinets et me pris le visage à deux mains. Du sang s'écoula dans la cuvette. Je ne pouvais plus ni parler, ni même respirer. J'avais l'impression qu'un éléphant s'était assis sur ma poitrine. J'avais tellement pleuré que j'avais le visage engourdi.

— On se dépêche, là-dedans ! s'écria-t-il.

Au bout de quelques minutes, quelque chose tomba dans l'eau des toilettes. Je me redressai et jetai un coup d'œil dans la cuvette. Je tendis ensuite le bras pour sortir mon bébé de l'eau. Je demeurai figée, en sanglots. *Pourquoi Dieu et Gina ne m'ont-ils pas laissée mourir ?* me demandai-je. *J'aurais préféré mourir plutôt que de voir mon enfant mort*. Je baissai les yeux sur le fœtus que je tenais entre les mains.

— Je suis désolée que ça te soit arrivé à toi, geignis-je. Je suis vraiment désolée. Tu méritais mieux que ça !

Le type fit irruption dans la pièce.

— Je t'ai demandé de te magner !

Il baissa les yeux sur mes mains ensanglantées et me gifla suffisamment fort pour me faire lâcher le fœtus.

— C'est ta faute ! s'exclama-t-il. Tu as tué mon bébé ! Je devrais aller chercher mon flingue et te faire sauter la cervelle !

Puis il quitta précipitamment la salle de bains et revint avec un sac-poubelle. Il ramassa le fœtus et le jeta dans le sac. Quelques secondes plus tard, je l'entendis ouvrir la porte de derrière.

Il ne m'autorisa pas à me doucher. Quand je remontai dans ma chambre, j'étais encore en sang et en larmes. Il jeta une pile de serviettes en papier sur le matelas et lâcha :

— Nettoie-toi un peu.

Ensuite, il quitta la pièce et verrouilla la porte. Depuis ce jour, la simple vue de serviettes en papier me rend malade. Elles me rappellent ce que j'ai subi.

— Oh, mon Dieu, que s'est-il passé ? demanda Gina en se précipitant de mon côté du matelas.

Je fondis de nouveau en larmes.

— Il m'a fait avorter, finis-je par lui expliquer entre deux sanglots. C'est terminé, Gina.

Elle se tut un moment.

— Je sais que tu voulais le garder, finit-elle par dire en m'enlaçant. Mais, parfois, tout ne se passe pas comme on le voudrait.

Ce soir-là, on resta toutes les deux étendues côte à côte sur le matelas encore couvert de la bâche en plastique. On contemplait le plafond en silence. Je l'entendais respirer. Je suis certaine qu'elle aussi m'entendait respirer. Certains moments sont très difficiles à évoquer. Celui-ci en fait partie.

*

* *

Le printemps 2013 me sembla plus froid que les précédents. En mars, quand le type me faisait sortir dans le jardin pour me violer contre son fourgon l'après-midi, je sentais qu'il faisait frais. Un jour, quand il en eut terminé avec moi, je me tournai vers la porte.

— Attends, me dit-il. (Il se dirigea vers une autre partie du jardin et ramassa une pelle et des gants.) Tu vas m'aider à travailler, aujourd'hui. Je vais faire un potager.

Un potager ? Depuis quand tu jardines ? me demandai-je. Mais je m'abstins de lui poser la question. Je me contentai de le regarder fixement.

— On va creuser un grand trou, déclara-t-il.

Pourquoi faire un grand trou dans un potager ?

— On n'a qu'à commencer à creuser par là, m'indiqua-t-il.

Il désigna une zone herbeuse, au fond du jardin. J'enfilai les gants. La pelle était tellement plus grande que moi que j'avais du mal à la soulever, mais je parvins à l'enfoncer dans la terre gelée. Peu à peu, je creusai et formai un monticule de terre à côté de moi.

Après m'avoir regardée travailler quelques minutes, il s'empara d'une autre pelle et se mit à creuser juste à côté de moi.

— Plus profond que ça, aboya-t-il.

Je m'exécutai. Au bout d'une heure, je me mis à transpirer. J'avais la gorge sèche et mal aux poignets. Malgré la dureté du sol, on creusait de plus en plus profond.

Je compris alors. Ce n'était pas un potager. C'était une tombe. Ce type prévoyait d'enterrer quelqu'un dans son jardin ! Pourquoi, sinon, aurait-il eu besoin d'un trou suffisamment grand pour y mettre un corps ?

— Continue à creuser, salope ! ne cessait-il de m'ordonner. Ce n'est pas encore assez profond.

Chaque fois que je soulevais une pelletée de terre, mon cœur se mettait à battre de plus en plus vite. *Là, c'est vraiment la fin,* me dis-je. Ce cinglé avait déjà tué mes enfants, et voilà que mon tour était venu.

Au bout de trois heures, il déposa sa pelle et m'annonça que je pouvais cesser de creuser. J'ôtai mes gants et m'essuyai le front.

— Ça suffit pour aujourd'hui, déclara-t-il, le souffle court. On finira demain.

« Demain. » Un jour que je craignais de ne jamais voir. Mais, après cela, même s'il fit plusieurs fois allusion à ce trou qu'il faudrait terminer, il ne donna jamais suite, à mon grand soulagement. Sans doute s'agissait-il encore d'une de ses tortures mentales. À moins qu'il n'ait simplement attendu que la terre soit moins gelée.

On dit que le temps finit par venir à bout des souffrances, mais je ne crois pas que cette règle s'applique dans ce cas précis. Je ne crois pas que je me remettrai un jour de ce cauchemar.

25
Secourues

Je t'aurai toujours dans mon cœur. Je serai toujours là quand tu auras besoin de moi, pour te remettre sur la voie et te donner des forces. Je serai toujours là pour t'aider dans ce long voyage qu'est la vie. Quand tu auras le sentiment d'être au bout du rouleau, appelle-moi, je serai là pour t'aider, contre vents et marées, pour que tu puisses recoller les morceaux.

Le 6 mai 2013, j'ouvris les yeux vers 10 heures. Gina était déjà réveillée et dessinait dans son carnet. Nous n'étions pas enchaînées, ce jour-là. Comme je l'ai expliqué plus haut, le type nous avait tellement menacées avec son arme et tellement battues lorsque nous avions fait quelque chose qui lui déplaisait que la simple idée de nous échapper nous effrayait. Nous savions qu'à tout moment il pouvait être caché dans le couloir ou en bas, surveillant nos faits et gestes pour nous faire vivre l'enfer le cas échéant. J'avais l'impression que, me concernant, le moindre prétexte était bon pour m'assener un coup de poing en pleine figure ou m'étrangler.

— Bonjour, saluai-je Gina en bâillant.

Je me couvris la bouche du revers de la main.

— Salut, répondit-elle.

Elle était si concentrée sur son dessin qu'elle ne leva même pas les yeux vers moi. Je m'emparai alors de mon carnet bleu à spirale et le parcourus pour y trouver une page vierge. Il ne m'en restait plus beaucoup. *Que vais-je dessiner, aujourd'hui ?* me demandai-je. *Des fleurs. Je vais dessiner des fleurs pour mon Joey.* Je taillai mon crayon et entamai l'esquisse d'un bouquet de roses. Je les imaginai rouges. En en dessinant les pétales, je déclarai :

— Je ne sais pas pourquoi, mais j'ai une curieuse sensation dans le ventre.

Gina posa son crayon et se tourna vers moi.

— Pourquoi ? demanda-t-elle. Tu crois que tu es encore enceinte ?

— Non, ce n'est pas ce que je veux dire. Je ne sais pas pourquoi, mais j'ai une sorte de nœud dans l'estomac. C'est sans doute cette chaleur.

J'avais chaud, même en débardeur et en short. On se remit à dessiner.

Environ une heure plus tard, j'entendis Jocelyn glousser.

— Papa, papa ! hurlait-elle en parcourant l'escalier dans un sens et dans l'autre en courant.

On aurait dit que le type et elle s'amusaient. Au bout de quelques minutes, on entendit Jocelyn entrer dans la chambre de sa mère.

— Salut, maman ! s'exclama-t-elle.

Elle semblait aux anges. Après un moment, j'entendis la porte d'Amanda s'ouvrir. Elle devait être déverrouillée, parce que je n'entendis pas le déclic de la serrure. Tout d'abord, je crus que le type était à l'étage, mais j'entendis Jocelyn remonter toute seule en riant et en chantant.

Gina se tourna vers moi.

— Ça t'ennuie si je mets la radio ? me demanda-t-elle.

Je lui fis signe que non. Je n'étais pas d'humeur à entendre le type s'amuser.

« Tout de suite, annonça l'animateur, le single du chanteur de R&B Ne-Yo ! » Aussitôt, *Let Me Love You*, une de mes chansons préférées, retentit dans la chambre. Je me mis à taper du pied par terre et à fredonner doucement les paroles. Quant à Gina, elle commença à remuer les épaules au rythme de la musique. Je lui fis signe de baisser un peu le son, parce que je ne voulais pas que le type nous surprenne en train d'écouter un chanteur noir. On continua à dessiner et à profiter de la musique.

Jocelyn remonta l'escalier en courant. Elle parlait si fort que je pouvais l'entendre par-dessus la chanson.

— Maman, dit-elle. Papa est allé chez mamaw !

C'était ainsi que Jocelyn appelait la mère du type. Elle l'avait déjà rencontrée à plusieurs reprises.

C'est peut-être l'occasion ou jamais, me dis-je. *À moins que ce ne soit encore l'un de ses petits jeux...* Il lui était déjà arrivé plusieurs fois de dire à Jocelyn qu'il serait absent toute la journée, sachant qu'elle allait sans doute nous le répéter. Au bout de quelques minutes, il déverrouillait notre porte et passait la tête dans l'entrebâillement avec un sourire malsain.

— C'était juste pour savoir si je pouvais vous faire confiance, s'amusait-il.

J'avais peur qu'il s'agisse d'un nouveau piège. De plus, nous n'avions pas entendu son fourgon dans l'allée. On préféra donc rester sur le lit.

C'est pour ça que j'ai eu cette drôle d'impression, me dis-je. *C'était un test, et on aurait pu toutes se faire tuer.* Amanda et Jocelyn se mirent à jouer dans leur chambre et on reprit nos dessins, Gina et moi. Jocelyn monta et descendit l'escalier encore deux ou trois fois, jouant, chantant et bavardant toute seule. Quand j'eus terminé mon bouquet de roses rouges pour mon nounours, je reposai mon carnet et mon crayon.

— Je m'ennuie, fis-je savoir à Gina.

Elle se mit à parcourir les stations de radio. Elle tomba sur une chanson qu'elle aimait bien. Je me levai et me mis à danser pieds nus dans toute la pièce. Je ne me sentais pas en pleine forme, mais, cela dit, je ne m'étais jamais sentie aussi bien.

On entendit alors Jocelyn remonter dans la chambre de sa mère en courant. Une minute plus tard, j'entendis la porte d'Amanda s'ouvrir. Puis des pas qui descendaient l'escalier. *Il doit être dans son cagibi*, me dis-je. Ils traînaient souvent tous les trois en bas, et, d'ordinaire, il envoyait Jocelyn chercher sa mère. Je continuai à danser.

Au bout d'un quart d'heure, je pris soudain conscience d'une chose : je n'entendais plus parler, au rez-de-chaussée. Pour en être tout à fait certaine, je demandai à Gina d'éteindre la radio. Il n'y avait plus aucun bruit dans la maison. *Il a emmené Amanda et Jocelyn quelque part ?*

Aussitôt, il y eut un vacarme invraisemblable. Boum, boum, boum ! Cela venait de la porte d'entrée. On aurait dit que quelqu'un tentait de défoncer la porte ! Je manquai de faire dans mon pantalon. *C'est vraiment un quartier pourri*, songeai-je. *On doit être en train de vouloir nous cambrioler.*

Le bruit ayant cessé, je m'approchai de la porte de la chambre sur la pointe des pieds et tendis la main vers la poignée. *C'est verrouillé ?* me demandai-je en la tournant lentement. Non.

J'entrouvris la porte. Puis, soudain, on entendit un gros boum.

— Cache-toi, chuchotai-je à Gina.

Aussi vite que possible, je courus jusqu'au radiateur et tentai de m'accroupir derrière. J'étais totalement paniquée. J'imaginai qu'un dealer ou un cambrioleur s'était introduit dans la maison, nous trouverait et nous tuerait. Après tout ce que nous avions subi, je ne voulais pas mourir de cette façon. Incapable de me glisser derrière le radiateur, je me précipitai derrière la commode et éteignis la lumière. J'entendais le souffle lourd de Gina, de l'autre côté de la commode.

— Chut, chuchotai-je.

Le calme régnait de nouveau dans la maison.

Puis on entendit des bruits de pas. Ceux de deux personnes. *Ça y est, c'est terminé,* me dis-je. Je tremblais comme une feuille. *Ils vont nous trouver et nous tuer.* J'avais eu si peur à cause du vacarme que j'avais laissé la porte entrouverte.

Je sentis ma gorge se serrer. Je fermai les poings. *Qu'est-ce que c'est ? Qui est là ?*

— Police ! s'écria une voix de femme. Police !

Je ne voyais pas Gina, dans l'obscurité.

— Je ne sais pas si c'est vraiment la police, chuchotai-je. Tout le monde peut dire ça.

J'ignore ce que Gina en pensait, mais je n'avais pas du tout l'intention de bouger d'un pouce avant d'avoir compris ce qui se passait.

Les bruits de pas se faisant plus proches, j'entendis le crachotement d'un talkie-walkie. Dans l'obscurité, je rampai jusqu'à la porte et y passai la tête. Je crus apercevoir une manche bleu marine. *C'est impossible. C'est vraiment la police ?* Je n'en étais pas certaine. Incapable de savoir de qui il s'agissait, je refusai de prendre le moindre risque, au cas où quelqu'un se ferait passer pour la police pour nous faire sortir de notre cachette. On était prisonnières et on se faisait torturer depuis si longtemps qu'il était difficile d'imaginer que quelqu'un viendrait nous secourir.

Toujours aussi terrifiée, je refermai notre porte.

— Je vais dans l'autre chambre, chuchotai-je à Gina, sans vraiment savoir si elle m'avait entendue.

Je me faufilai alors dans la chambre d'Amanda par la porte communicante et me dissimulai derrière son meuble de télévision. Pendant tout ce temps-là, j'eus l'impression que mon cœur allait exploser tant il battait fort.

Quelques secondes plus tard, quelqu'un ouvrit la porte de la chambre d'Amanda. J'aperçus deux paires de rangers noirs.

— Il y a quelqu'un ? demanda la même voix.

Je gardai le silence. En levant les yeux, je vis un homme et une femme en uniforme de policiers. Ils avaient tous les deux un pistolet à la taille. Dès que je vis leurs insignes briller dans le noir, je jaillis de ma cachette et bondis dans les bras de la femme ! Les bras autour de son cou, je la serrai si fort que je manquai de l'étouffer.

Gina sortit de l'autre chambre en pleurant. Elle se tourna vers moi, puis vers les policiers, comme si elle avait du mal à croire ce qu'elle voyait. Puis elle fondit en larmes.

— Il y a encore quelqu'un avec vous, au premier ? demanda l'autre policier.

— Je ne crois pas, répondis-je, les lèvres tremblantes.

J'ignorais où étaient Amanda et Jocelyn. Je savais juste qu'elles n'étaient pas à l'étage.

La femme flic tenta de me reposer à terre, mais je me cramponnai à son cou. Je voulais être certaine de pouvoir sortir de là en vie, surtout parce que je n'avais aucune idée de l'endroit où était le type et j'ignorais si on avait encore quelque chose à craindre de lui ou non.

— Il y a des armes dans la maison ? demanda l'homme.

— Il y a un pistolet quelque part, mais je ne sais pas où.

— On va fouiller le reste de la maison, m'annonça la femme.

Je finis par la laisser me reposer par terre. Un autre flic en chemise à manches courtes bleu ciel gravit l'escalier.

— Tout va bien, à présent, nous garantit-il. (Il voyait forcément à quel point nous étions terrifiées.) Allez chercher vos vêtements, je vous attends juste là, en haut des marches.

On regagna notre chambre pour nous changer. J'enfilai un pantalon de jogging, un pull rose, des chaussettes et mes chaussures. J'avais les mains qui tremblaient et la tête qui tournait comme si je venais d'essuyer une tempête. Je me mis à délirer.

— Tu y crois, Gina ? On est libres !

Elle quitta son survêtement et enfila un haut blanc et un pantalon guépard. Pleurant et riant en même temps, on commença à rassembler nos carnets. Mais quand les flics vinrent vérifier si tout allait bien, ils nous demandèrent de laisser nos cahiers.

— On reviendra les chercher plus tard, nous promit le policier en manches courtes. Allez, on descend.

Il fut inutile de nous le dire deux fois ! On dévala l'escalier quatre à quatre. À chacun de mes pas, je pensais à toutes ces années qui s'étaient écoulées depuis que le type m'avait fait gravir ces marches en me promettant un chiot. Je songeais à ces centaines de jours durant lesquels j'avais entendu ses sales rangers dans l'escalier avant qu'il vienne me violer. Je me remémorais quand il me le fit dégringoler pour tenter de me faire avorter. Certains des pires moments de mon existence s'étaient déroulés dans cet escalier. Et voilà qu'à trente-deux ans, je le descendais pour la dernière fois.

Une fois en bas, je refusai de me retourner. Je souhaitais quitter cet enfer pour toujours. Il fallait que j'aille retrouver mon Joey. Je cherchai Amanda et Jocelyn du regard, mais, comme elles n'étaient pas au rez-de-chaussée, je partis du principe qu'elles étaient déjà avec la police.

Un agent nous ouvrit la porte d'entrée. Je la franchis. C'était la première fois que je sortais par la porte de devant. Le soleil était si étincelant qu'il m'éblouit. Dès que mes yeux se furent accoutumés à la lumière, je jetai un coup d'œil à mes bras. Ils étaient tout blancs. Je me tournai vers la rue. Une ambulance était stationnée devant la maison.

— Suivez-moi, dit le policier.

Les portières arrière de l'ambulance étaient ouvertes. À l'intérieur, j'aperçus Amanda et Jocelyn. *C'est elle qui a appelé la police ?* me demandai-je. *Elle a appelé les urgences ? Comment sont-elles parvenues à sortir ? Et où est le type ?* Je ne comprenais pas encore très bien ce qui s'était passé. En larmes, Amanda serrait Jocelyn contre elle. Le flic nous aida à monter dans le véhicule.

— Ça va, Juju ? me demanda Jocelyn.

Je hochai la tête et me mis à sangloter. Amanda me saisit la main et la serra.

— On est enfin libres ! s'écria-t-elle. On va rentrer chez nous !

Une fois Gina dans l'ambulance, on se prit toutes dans les bras et on se mit à pleurer comme des enfants. Notre interminable séjour en enfer avait pris fin.

Un homme chauve qui ressemblait à Kojak me demanda mon nom.

— Je m'appelle Michelle, chuchotai-je. Michelle Knight.

Il me posa ensuite un masque à oxygène sur le visage, ce qui me calma aussitôt. Les ambulanciers m'étendirent sur une civière et me mirent sous perfusion.

— Elle n'a pas l'air bien du tout, entendis-je l'un d'eux dire à l'un de ses collègues. Elle est très pâle.

J'étais la seule sous oxygène et intraveineuse. Quelqu'un ferma les portières arrière, et l'ambulance prit la route toutes sirènes hurlantes. En moins de deux minutes, nous étions déjà à l'hôpital. Les ambulanciers aidèrent les autres filles à descendre.

Un aide-soignant poussa ma civière jusqu'à ma propre chambre, et des médecins et des infirmiers semblèrent arriver de partout à la fois !

— Je vais vous examiner, m'annonça une infirmière.

Lorsqu'elle me toucha la jambe, je la retirai aussitôt. J'étais très ennuyée, parce que j'avais les jambes aussi poilues que celles d'un gorille. Cela faisait des années que je n'avais pas eu l'occasion de m'épiler, c'était répugnant. Me voyant reculer, l'infirmière tenta de me rassurer en me caressant le bras :

— Ça va aller, ma belle.

À l'hôpital, je n'eus l'occasion de voir ni Gina ni Amanda, alors que j'en mourais d'envie. Quelqu'un me fit savoir qu'elles étaient rentrées chez elles dès le lendemain. D'après ce qu'on m'a expliqué, j'étais beaucoup trop malade pour quitter l'établissement de sitôt. Je ne m'étais pas sentie en pleine forme, ce matin-là, dans la maison, mais je m'étais habituée à ces horribles sensations. Je ne m'étais pas rendu compte que j'étais aux portes de la mort.

Au cours des jours suivants, je subis tous les examens possibles et imaginables. La majeure partie d'entre eux me firent pleurer. J'eus droit à au moins une dizaine de piqûres. Et je refusai que des hommes, médecins ou infirmiers, m'approchent de près ou de loin. Je ne me sentais à l'aise qu'en compagnie de femmes. À un moment donné, une infirmière me demanda de monter sur une balance. Avant mon arrivée chez le type, je pesais environ soixante kilos. Ce jour-là, j'en pesais trente-huit.

La liste de mes problèmes de santé était longue. J'avais la mâchoire en très mauvais état à cause de tous les coups de poing que j'avais reçus. Un jour, il m'avait même frappée au visage avec une barre d'haltères, raison pour laquelle j'ai encore du mal à prononcer certains sons. J'avais aussi de sérieux troubles nerveux dans les bras : ils tremblaient en permanence. Mais, le plus grave, c'était une infection bactérienne qui me rongeait l'estomac. Il était miraculeux que je sois encore en vie.

Je devinai que beaucoup de monde devait s'intéresser à mon histoire, car je commençai à recevoir des dizaines de bouquets, de ballons et de cadeaux. Il n'y avait plus une surface plane libre dans ma chambre ! Après avoir eu l'impression d'être invisible pendant une bonne partie de mon existence, je me sentis soudain submergée par toute cette attention. Mais j'en étais très reconnaissante. Des gens qui ne me connaissaient même pas me témoignaient plus d'amour que je n'en avais jamais reçu.

Dès que j'eus l'autorisation de manger quelque chose de solide, mon premier repas fut composé d'un cheeseburger (sans moutarde !) de chez Steak'n Shake et d'un Cheesequake Blizzard, une crème glacée de chez Dairy Queen. Pour une fois, je voulais manger un hamburger qui ne soit pas périmé. C'était l'un des agents de police qui était allé m'acheter tout cela. Quand je mordis dans cet énorme sandwich, j'eus l'impression d'être au paradis ! Du jus se mit à couler sur mon menton. La crème glacée fut tout aussi délicieuse. Cela faisait des années que je n'en avais pas mangé. J'en avais oublié à quel point cela pouvait sembler froid dans la gorge.

On m'expliqua qu'il allait falloir que je prenne un avocat et on m'aida rapidement à en trouver un. Mon avocate m'annonça que le FBI souhaitait m'interroger et filmer ma déposition. Le lendemain, lorsqu'elle me conduisit dans les bureaux du FBI, je me sentais vraiment tendue. *Que vais-je leur dire ? Comment vais-je pouvoir tout leur expliquer ? Les autres filles seront-elles là ?* Mais j'étais toute seule. Deux femmes m'interrogèrent pendant que d'autres personnes nous écoutaient dans une autre pièce. Je ne pouvais pas les voir, mais eux me voyaient. C'était très éprouvant. Je déteste vraiment parler à quelqu'un quand d'autres personnes écoutent.

Les deux femmes me posèrent un tas de questions sur tout ce qui s'était produit dans cette maison et me demandèrent des détails sur ce que j'avais subi pendant toutes ces années. Comme elles avaient mes carnets, je supposai que la police était retournée les chercher dans la maison. De temps à autre, je leur avouais :

— Je ne me souviens plus avec précision de la date de certains faits, il m'est arrivé de perdre un peu la notion du temps. Mais je me souviens parfaitement de tout ce que ce cinglé m'a fait.

Ce premier entretien dura des heures et je dus y revenir les deux jours suivants pour leur fournir davantage de détails. À la fin, je me sentais lessivée.

Mes deux frères, Eddie et Freddie, vinrent me rendre visite à l'hôpital. On interdit à Eddie d'entrer dans ma chambre, sans doute à cause d'une règle concernant le nombre de visiteurs. Dès que Freddie me vit, on fondit tous les deux en larmes. La dernière fois que je l'avais vu, c'était un adolescent et il était devenu un adulte.

— Tu m'as manqué, sœurette, me dit-il.

— Toi aussi, tu m'as manqué !

On se serra très fort dans les bras l'un de l'autre.

J'étais trop émue pour pouvoir lui parler. Et puis, je n'étais pas encore prête à avoir une discussion à propos de nos parents. Le souvenir de ce que j'avais subi quand j'étais petite me faisait encore souffrir. Le fait de les revoir ferait remonter trop de choses à la surface. Il n'y avait qu'une personne que j'avais hâte de voir : Joey.

— Il va falloir qu'on me laisse un peu tranquille pendant un moment, dis-je à Freddie. Je vais devoir trouver un moyen de m'occuper, quand je vais sortir de là.

Freddie me répondit qu'il comprenait. Au bout de quelques minutes, il m'étreignit de nouveau avant de quitter ma chambre. Juste avant de partir, il me communiqua son numéro de portable.

— Quand tu seras prête, n'hésite pas à m'appeler.

J'acquiesçai.

Le soir même, j'annonçai au personnel de l'hôpital que je ne souhaitais plus avoir de visites, pas même celle de mes proches. Mon cœur avait du mal à le supporter. J'avais besoin d'intimité et de temps pour me remettre.

— Vous ne souhaitez pas voir le reste de votre famille ? me demanda mon avocate à plusieurs reprises.

— Je ne souhaite pas parler pour le moment, lui répondis-je.

Plus tard, elle m'annonça que le FBI m'avait trouvé une maison de repos.

— Vous pourrez y rester le temps de réfléchir à ce que vous souhaitez faire ensuite.

Elle me confirma que c'était ce qu'il y avait de mieux à faire pour le moment, mais j'étais triste de ne pas avoir de véritable chez-moi.

Je quittai l'hôpital le 10 mai 2013, quatre jours après notre évasion. Je m'en échappai discrètement, surtout parce que je n'étais pas prête à parler aux médias ou à qui que ce soit d'autre. Cela m'effrayait beaucoup trop. Un chauffeur me conduisit à mon nouveau domicile, la maison de repos. On roula pendant au moins une heure. En regardant par la vitre de la voiture, je fus bouleversée de constater à quel point tout avait changé. Il y avait de grands immeubles que je n'avais jamais vus. Dans le centre-ville, on avait construit de nouveaux bâtiments. Même les bus n'étaient plus les mêmes. Et les chauffeurs étaient désormais protégés par une paroi en plastique. Sur la banquette arrière de la voiture, je contemplai cet environnement que je ne reconnaissais plus. Pendant onze ans, mon existence s'était figée, mais, à Cleveland et dans le reste du monde, la vie avait continué. Je me mis à sangloter.

26
Recommencer de zéro

Construite sur deux étages, la maison de repos était gérée par un couple qui logeait dans son propre appartement, au premier. Au rez-de-chaussée, la maison comptait trois chambres, chacune partagée par deux personnes. Il y avait donc sept ou huit personnes en tout. Dieu merci, j'avais ma propre chambre. Après avoir été enfermée onze ans au premier étage, je pouvais enfin vivre au rez-de-chaussée. L'un des résidents avait soixante-dix ans, un autre, quatre-vingt-cinq, et il y en avait même un de quatre-vingt-quinze. Quelques mois plus tard arriva un pensionnaire de dix-huit ans, ce qui me donna l'occasion de discuter avec quelqu'un d'un âge un peu plus proche du mien.

Mais lorsqu'on a passé onze ans dans une prison, on n'a vraiment pas envie de l'« aide » d'un groupe. On est épris de liberté. On souhaite avoir la mainmise sur toutes les petites décisions dont on a été privé pendant si longtemps, comme le fait de préparer ses propres repas. Je n'aimais pas trop ce qu'ils faisaient à manger (principalement des spécialités polonaises), mais je ne pouvais pas y faire grand-chose. Et, au début, les personnes qui géraient la maison ne cessaient de vouloir tout ranger pour moi. Je sais bien qu'elles s'efforçaient simplement d'être serviables, mais je souhaitais vraiment tout faire toute seule.

Ne me faites pas dire ce que je n'ai pas dit : j'étais ravie et reconnaissante de me trouver le plus loin possible de ce maniaque. Avez-vous une idée de ce que l'on peut ressentir lorsqu'on se réveille et qu'on prend conscience que personne ne viendra vous violer ce jour-là ? À quel point il est merveilleux de voir le soleil par sa fenêtre ? Comme il est génial de pouvoir se déplacer sans une chaîne à la cheville ou au poignet ? C'est fabuleux. Et quand on éprouve cela, on désire son entière indépendance. En d'autres termes, on souhaite reprendre le contrôle de sa propre vie.

Deux ou trois jours après mon arrivée, je finis par allumer la télévision. Oh, mon Dieu ! Je savais que l'on faisait toute une histoire de notre libération, mon avocate m'avait un peu mise au courant, mais ce ne fut qu'en regardant le journal télévisé que je me rendis compte que le monde entier en parlait. J'appris qu'Amanda avait expliqué à la police qu'elle s'était aperçue de l'absence du type quand elle était descendue au rez-de-chaussée. Elle avait remarqué qu'il n'avait pas verrouillé la porte d'entrée, mais que la contre-porte extérieure, fermée par une chaîne, ne pouvait que s'entrebâiller. Cette ouverture lui avait cependant suffi pour passer le bras. Un journaliste raconta qu'Amanda s'était mise à appeler à l'aide en faisant de grands signes. Ne l'ayant pas entendue crier depuis ma chambre, je me demandai si cela ne s'était pas produit pendant que Gina et moi écoutions la radio.

Un habitant du quartier, un homme noir du nom de Charles Ramsey, avait expliqué aux flics qu'il avait entendu des cris alors qu'il mangeait un McDonald's chez lui.

« Je suis sorti, relata-t-il dans une interview, et j'ai aperçu cette fille qui se démenait pour tenter de sortir de la maison. Je suis donc monté sur le perron, et elle m'a dit : "Aidez-moi, ça fait si longtemps que je suis là." J'ai tout de suite pensé à des violences conjugales. »

Lui et un autre voisin, un Espagnol du nom d'Angel Cordero, ont alors défoncé le bas de la contre-porte. Ce devait être les coups que nous avions entendus, Gina et moi, quand nous avions d'abord cru à une tentative de cambriolage. Charles et Angel, ainsi que la police et les secouristes, les médecins et les infirmières, et tous ceux qui nous ont aidées ce jour-là seront à tout jamais mes héros.

Voici ce que j'appris également au journal télévisé : après qu'Amanda fut parvenue à s'échapper par le bas de la porte, tenant Jocelyn très fort contre elle, elle a couru jusque chez le voisin, de l'autre côté de la rue. De là, elle a appelé les urgences. Son coup de téléphone fut diffusé sur toutes les chaînes de télévision de Cleveland. Voici une partie de la retranscription de cet appel.

Amanda : Aidez-moi, je m'appelle Amanda Berry.

Urgences : Vous avez besoin de la police, des pompiers ou d'une ambulance ?

Amanda : De la police.

Urgences : D'accord, que se passe-t-il ?

Amanda : Je me suis fait enlever, et on me recherche depuis dix ans. Et... voilà, je suis libre.

Urgences : D'accord, et quelle est votre adresse ?

Amanda : 2207, Seymour Avenue.

Urgences : 2207, Seymour. On dirait plutôt que vous m'appelez du 2210...

Amanda : Je suis en face. Je me sers du téléphone.

Urgences : D'accord, restez chez vos voisins. Vous en direz plus à la police quand elle sera là.

Lorsque les flics arrivèrent, Amanda leur expliqua que Gina et moi nous trouvions toujours à l'intérieur. D'après certains reportages, elle leur confia aussi qu'ils pourraient sans doute trouver le type dans le quartier, au volant d'une Mazda MX-5 décapotable bleue. Je n'avais jamais vu cette voiture, mais c'était apparemment l'engin qu'il conduisait quand il allait se promener avec Jocelyn.

Je ne connaîtrai sans doute jamais tous les détails de ce qui s'est produit le jour de notre évasion, parce que j'étais dans ma chambre jusqu'à l'arrivée de la police. Et je n'ai pas vraiment eu l'occasion de beaucoup discuter avec Amanda, à l'arrière de l'ambulance, en ce 6 mai. Quelques mois plus tard, je la vis cependant quelques minutes pendant l'enregistrement de notre communiqué de presse à toutes les trois. Mais il y avait tant de monde autour de nous que nous n'avons pas eu le loisir de nous parler tranquillement.

D'après mon avocate, la police a retrouvé Ariel Castro sur le parking d'un McDonald's, au volant de sa Mazda, avec l'un de ses frères, Onil. Les flics les ont arrêtés avant de mettre la main sur un autre frère, Pedro. Les frères furent relâchés trois jours plus tard, le 9 mai, la police annonçant qu'ils n'étaient pas impliqués dans cette affaire. Ils reconnurent tous les deux lui avoir rendu visite chez lui, Seymour Avenue, mais celui-ci les avait gardés dans la cuisine. Ils racontèrent qu'il était toujours très secret et qu'il avait l'habitude de mettre des cadenas sur ses portes. Ils ajoutèrent qu'ils ignoraient totalement qu'on se trouvait dans la maison, et que, s'ils l'avaient su, ils en auraient aussitôt informé la police.

Le comportement qu'avaient décrit ses frères correspondait bien à ce que je savais du type. Personne ne pouvait être plus sournois ou manipulateur que ce monstre. Son propre fils, Anthony, affirma qu'il n'avait aucune idée de ce que son père avait fait. Il raconta simplement à la presse que, deux semaines avant notre évasion, son père lui avait demandé s'il croyait qu'Amanda Berry était encore en vie. Quand il lui avait répondu qu'il pensait qu'elle était morte, son père s'étonna : « Vraiment ? C'est ce que tu crois ? » Anthony trouva cela pour le moins étrange, à l'époque, mais jamais il n'aurait pensé que c'était son père qui la détenait.

Avec le recul, je crois que le type *voulait* se faire prendre. Son univers était en train de s'écrouler. Il avait perdu son emploi. J'avais le sentiment qu'il en avait assez de sa vie. Vers la fin, il lui arrivait de dire des choses comme : « Un jour, ils vont finir par découvrir ce que j'ai fait et ils vont m'enfermer. »

Avec Jocelyn qui grandissait, il savait qu'il n'allait pas pouvoir continuer à mentir éternellement. C'est sans doute la raison pour laquelle il a évoqué Amanda devant son fils. Quelque part, au fond de lui, il souhaitait peut-être même qu'on l'attrape pour que cette folie puisse cesser.

Durant l'été 2013, je suivis l'affaire à la télévision. La police l'accusa de quatre kidnappings et de trois viols. *Quoi ? C'est tout ? Juste trois ?* Mais, le 26 juillet, il plaida coupable à neuf cent trente-sept chefs d'inculpation, y compris pour viols, coups et blessures, et meurtres. *Voilà qui me semble plus proche de la réalité*, me suis-je dit.

En contrepartie, il exécuterait une peine de prison à perpétuité sans remise de peine possible, et son horrible maison serait rasée. Certaines de ses interventions au tribunal me rendirent furieuse. Il évoqua une dépendance au sexe et raconta de quelle manière on l'avait maltraité quand il était enfant. J'avais déjà entendu tout cela. Beaucoup de gens ont été maltraités, mais ils ne vont pas enlever trois femmes pour autant. Je n'éprouvais aucune pitié pour lui. J'étais toujours très en colère.

*
* *

Avant que le juge prononce sa condamnation, le 1er août, j'avais décidé d'aller témoigner. Mes avocats pensaient que ce n'était pas forcément une bonne idée. Je crois qu'ils voulaient surtout me protéger en m'empêchant de le voir.

— Il faut que j'affronte mon bourreau, insistai-je. Je souhaite m'exprimer au tribunal. Ça ne me pose aucun problème.

Plusieurs semaines avant mon audition, Gina et moi nous sommes entretenues au téléphone.

— Tu vas aller témoigner ? lui demandai-je.

Elle soupira.

— Je ne crois pas que je suis prête, me répondit-elle. Tu l'es, toi ?

— Oh, que oui ! Je ne veux pas avoir à le regretter plus tard.

Gina refusa de témoigner, et, pour elle, c'était le bon choix. Sa cousine, Sylvia Colon, fit une déclaration en son nom et en celui de sa famille. Mon avocate m'apprit qu'Amanda n'envisageait pas non plus de se rendre au tribunal. Sa sœur, Beth Serrano, s'exprimerait à sa place. Chacune d'entre nous choisit sa propre voie. Si je pris la décision de rédiger une déclaration et de m'exprimer, c'était surtout parce que je pensais que ce serait un bon moyen pour moi de commencer à cicatriser. Chaque jour, dans cette maison, cet homme m'a fait subir les pires horreurs qui soient. Je souhaitais prouver, à lui comme au monde entier, qu'il m'avait peut-être fait énormément souffrir, mais qu'il n'était pas parvenu à me briser. Au bout du compte, j'étais encore là. Toujours debout, et plus forte que jamais.

Le jour du verdict, je ne pensai pas trop aux vêtements que j'allais porter. Je me contentai d'enfiler une robe à fleurs. Je me moquais de savoir ce que les autres penseraient de moi ou de quoi j'aurais l'air. J'entrai dans la salle d'audience et pris place à côté de mes avocats. En apercevant le type, j'eus un peu la chair de poule. Du début à la fin, assis à une table et menotté, il ne cessa de me fixer. J'avais l'impression que son regard me disait : « Je t'en prie, dis-leur que je n'ai rien fait de mal. »

J'étais écœurée. Il semblait plus maigre que dans la maison. J'imagine qu'il ne devait pas beaucoup aimer ce qu'on lui donnait à manger en prison. *Tu sais à présent ce que je ressentais*, me dis-je. Il était propre, mais toujours aussi laid. Surtout dans cette combinaison orange.

Les membres de la famille de Gina et d'Amanda s'exprimèrent avant moi. Lorsque je me levai enfin pour lire ma déclaration, mes mains tremblaient, comme d'habitude. Cela mis à part, je me sentais relativement calme.

Bonjour. Je m'appelle Michelle Knight, et je souhaiterais vous expliquer ce que j'ai ressenti pendant tout ce temps. Mon fils m'a manqué tous les jours. Je me suis demandé si j'allais le revoir un jour. Il n'avait que deux ans et demi, quand on m'a enlevée. Dès que je ferme les yeux, je le vois. J'ai pleuré toutes les nuits. Je me sentais très seule. Chaque jour, je me demandais ce qui allait nous arriver, aux filles et à moi. Je trouvais le temps long. Les nuits succédaient aux jours, les jours succédaient aux nuits. Les années duraient une éternité.

Je savais que personne ne se souciait de moi. Il m'a dit que ma famille ne se préoccupait pas de moi, même pendant les fêtes de fin d'année. Le jour de Noël était le plus traumatisant de l'année parce que je ne pouvais pas le passer avec mon fils. Je ne souhaite à personne de subir ce que j'ai subi, pas même à mon pire ennemi.

Je considérais Gina comme ma coéquipière. Elle ne m'a jamais laissée tomber. Et moi non plus. Elle a pris soin de moi quand j'ai failli mourir à cause de lui. Mon amitié avec elle est la seule chose positive que j'aie retenue de cette période. On se disait qu'on allait finir par s'en sortir, et ce fut le cas.

Ariel Castro, je me souviens de toutes les fois où vous êtes rentré en critiquant les actes des autres alors que vous en faisiez autant. Vous m'avez dit : « Au moins, je ne t'ai pas tuée. » Vous m'avez privée de onze ans de ma vie, mais je suis encore là. J'ai passé onze ans en enfer, mais le vôtre ne fait que commencer.

Je viendrai à bout de tout ce qui s'est passé, mais vous allez vivre un enfer jusqu'à votre dernier souffle. À partir de ce jour, je ne vous permettrai plus de me juger, ni de m'atteindre. Je vais continuer à vivre, tandis que vous allez mourir un peu plus chaque jour.

Quand vous revoyez ces onze années d'atrocités que vous nous avez infligées, que croyez-vous que Dieu pense du fait que vous alliez hypocritement tous les dimanches à l'église, alors qu'en rentrant vous nous torturiez ? La peine de mort serait une peine trop légère. Vous ne la méritez même pas. Vous méritez de passer le restant de vos jours en prison. Je pourrai peut-être vous pardonner, mais je n'oublierai jamais. Avec l'aide de Dieu, je triompherai et aiderai ceux qui ont souffert des mains d'autres personnes.

Le fait de rédiger cette déclaration m'a donné l'énergie d'être une femme plus forte, et de savoir que le bien existe. Il est même plus présent que le mal. Je sais que de nombreuses personnes vivent des moments difficiles, mais il faut que nous leur tendions la main et que nous leur fassions savoir qu'on est à leur écoute. Au bout de onze ans, on m'écoute enfin, et c'est libérateur. Merci à tous. Je vous aime. Que Dieu vous bénisse.

Après ma lecture, je me sentis libérée, mais c'était un genre de liberté très différent de celui que j'avais éprouvé le 6 mai. En quittant cette maison, j'avais libéré mon corps. En venant au tribunal, je libérai mon cœur et mon esprit. Lorsque je me rassis, mon avocate et quelques autres personnes m'étreignirent, et je fondis en larmes. Ce n'étaient pas des larmes de tristesse, mais de joie et de soulagement.

On autorisa le type à s'exprimer avant que le juge rende sa sentence.

— On essaie de me décrire comme un monstre, mais je ne suis pas un monstre. Je suis malade.

Cette dernière phrase fut la seule vraie qu'il prononça ce jour-là. Il prétendait ne pas être quelqu'un de violent. Il avait même eu le culot de soutenir que les rapports sexuels que nous avions eus étaient « consentis », et qu'il régnait une sorte d'« harmonie » dans la maison. Quand ce fut terminé, j'eus vraiment l'impression que justice avait été rendue. Le juge le condamna à la peine la plus lourde : la prison à vie sans aucune possibilité de remise de peine, plus mille ans de prison.

Environ un mois après sa condamnation, la femme qui gérait la maison de repos entra dans ma chambre et se mit à discuter avec moi.

— Vous avez regardé les nouvelles, aujourd'hui ? me demanda-t-elle.

Ce n'était pas le cas.

— Eh bien, il faut que je vous annonce quelque chose, poursuivit-elle. Ariel Castro s'est suicidé, aujourd'hui.

Je lui répondis que je souhaitais rester seule. Plus tard, j'allumai la radio pour écouter les détails : le type s'était pendu avec son drap. Je me mis à pleurer. *Quelle ordure !* J'aurais préféré qu'il dépérisse à petit feu dans sa cellule jusqu'à la fin de ses jours, comme il m'y avait obligée.

Le lendemain matin, j'appelai Gina. Elle avait appris la nouvelle et me confia qu'elle aussi avait fondu en larmes. Elle était aussi furieuse que moi qu'il ait choisi la solution de facilité.

— Il n'a même pas supporté un mois la torture qu'il nous a infligée pendant des années, lui dis-je.

Plusieurs semaines plus tard, quand on révéla qu'il s'était tué en tentant ce qui s'appelle une « asphyxie autoérotique » (en gros, il s'est étranglé à l'aide d'un drap afin d'obtenir un orgasme plus intense), je ne fus guère étonnée. Je supposai qu'il avait eu cette idée en regardant cette émission qu'il suivait sur les fantasmes étranges.

*

* *

Après ce jour-là, on se téléphona à plusieurs reprises, Gina et moi. Elle avait été ma meilleure amie dans cette maison, celle à qui j'avais été enchaînée. J'aurais voulu lui parler tous les jours. Mais, au fil des mois, nos coups de fil commencèrent à se raréfier. Tout comme moi, il lui fallait faire le tri dans ses sentiments et prendre ses propres décisions. Je respectai son choix de tourner la page. Sans l'aide de Gina, je ne serais plus là pour en parler. Jusqu'à mon dernier jour, je lui serai reconnaissante de son amitié.

Peu de temps après mon arrivée à la maison de repos, je commençai à consulter une thérapeute. Pour être franche, j'eus énormément de mal à m'ouvrir à elle. Il n'est pas facile de parler à quelqu'un qui ne nous connaît pas. Même si c'était une femme charmante, elle ne pouvait pas remplacer Gina. Seules deux personnes savaient ce que j'avais enduré : Gina et Amanda.

Souvent, des gens m'abordaient, dans la rue, et me demandaient :

— Comment ça va ?

Je sais que cela partait d'une bonne intention, mais il est impossible d'expliquer à quelqu'un ce que l'on peut ressentir quand on cesse de partager un matelas crasseux avec une amie pour se retrouver soudain seule face au monde. Il est impossible pour quelqu'un qui ne l'a pas vécu de le comprendre, même s'il s'agit de quelqu'un qui tient beaucoup à nous. C'est la raison pour laquelle j'écris et je dessine beaucoup dans mon journal intime. Ça me permet de garder ma lucidité.

Il fallut plusieurs mois avant que le FBI accepte de me renvoyer mes carnets à spirale. Je les ai tous relus, y compris les passages comprenant les souvenirs les plus douloureux. Par moments, je dus interrompre ma lecture, parce que c'était trop insupportable. Mais, d'une certaine façon, c'était aussi pour cela qu'il fallait que je les relise. Pour surmonter quelque chose de terrible, il faut parfois savoir affronter la douleur et non l'esquiver. Ce n'est pas toujours beau à voir. Ça peut nous faire monter les larmes aux yeux. Mais, si on se laisse pleurer suffisamment longtemps, on finit par ne plus avoir de larmes. Je n'ai pas encore atteint ce stade, mais je sais que j'y parviendrai un jour.

*

* *

On me demande tout le temps où je suis parvenue à puiser toute cette force pendant les onze années que j'ai passées en enfer. Ma réponse tient en un mot : « Joey ». Gina m'a aidée à garder espoir dans les moments les plus difficiles, mais l'espoir en lui-même, c'était mon fils. Mon nounours. La raison pour laquelle je me levais chaque matin. Depuis le moment où j'ai dû lui dire au revoir, je l'ai toujours porté dans mon cœur. C'est mon désir de le retrouver qui m'a permis de rester en vie. Si je suis encore là aujourd'hui, c'est grâce à lui. Parfois, on tient juste le coup pour quelqu'un. Et j'ai tenu le coup pour Joey.

Alors que j'étais encore à l'hôpital, je posai la question fatidique à mon avocate :

— Comment va Joey ?

Elle s'éclaircit la voix, me regarda dans les yeux et me répondit doucement :

— Eh bien, il s'est fait adopter par une famille d'accueil merveilleuse à l'âge de quatre ans.

Je baissai les yeux et tentai de retenir mes larmes. J'étais heureuse qu'il soit entre de bonnes mains, mais je mourais d'envie de le voir.

— Aurai-je l'occasion de le revoir un jour ? demandai-je.

Elle réfléchit un moment.

— Je l'ignore, finit-elle par répondre. Il va falloir qu'on étudie la question.

Je ne pus me retenir plus longtemps. Je portai les mains à mon visage et me mis à pleurer une heure durant.

Au début, cette nouvelle me brisa le cœur, mais je finis par me faire une raison. Mon avocate m'expliqua que la famille adoptive de mon fils ne souhaitait pas que j'entre en contact direct avec lui. Ils craignaient que ce ne soit trop perturbant pour Joey, et, même si je mourais d'envie de le serrer dans mes bras et de partager tout un tas de choses avec lui, cela m'effrayait tout autant. Il avait peut-être entendu parler de mon évasion à la télévision, mais j'ignorais s'il se rendait compte que j'étais sa mère. En fait, je ne savais même pas si sa nouvelle famille l'appelait Joey. Ils lui avaient peut-être donné un nom différent en l'adoptant. En surgissant de nulle part, je pouvais bouleverser dangereusement son équilibre. Je tenais trop à lui pour me le permettre.

J'annonçai à mon avocate que je souhaitais écrire à ses parents adoptifs. Elle me confirma qu'elle pouvait leur faire parvenir le courrier par l'intermédiaire du FBI. Ainsi, un soir, je rédigeai ma lettre. En voici un extrait :

Madame, Monsieur,

Je vous remercie de veiller sur mon fils en mon absence. Le fait de savoir qu'il était entre de bonnes mains pendant les onze années où j'ai été séquestrée me permet d'avoir l'esprit tranquille. J'ai souvent pensé à lui et me suis demandé à quoi il pouvait ressembler en grandissant. Je l'ai revu lors de ses premiers pas, de ses premiers mots, je l'ai imaginé lors de ses premiers jours à l'école, et me suis interrogée sur ses goûts et sa personnalité. Je me suis demandé s'il aimait chanter autant que moi, s'il était timide ou bavard, et quels étaient ses jouets préférés. Les années passant, je me suis demandé s'il préférait jouer au base-ball ou au football.

J'aimerais bien avoir une photo de lui. Je vous en serais tellement reconnaissante si vous aviez la bonté de me faire parvenir des clichés de lui lorsqu'il était petit et un peu plus âgé. Je suis consciente que vous serez toujours ses parents, et que cela ne changera pas. Je ne tenterai pas de vous le soustraire. J'espère simplement que vous pourrez m'aider à combler le manque que je ressens au plus profond de mon cœur en me faisant parvenir des photos ou en acceptant de partager des anecdotes.

La famille de mon fils eut la bonté de me répondre. Ce fut la raison pour laquelle je me rendis au bureau de mon avocate, ce jour-là : pour regarder des photos de Joey. Ces clichés sont ce que j'ai de plus précieux. Tous les matins, je les sors et les étale sur mon plan de travail. Je les contemple en me demandant ce que mon fils est en train de faire. Ce qui l'a fait rire la veille. Comment sont ses amis. Jamais je ne me lasserai de les regarder. Je n'abandonnerai jamais non plus l'espoir qu'un miracle finisse par se produire. Que je puisse de nouveau serrer mon fils dans mes bras, ne serait-ce qu'une fois.

J'ignore si je reverrai Joey un jour. Il me manque plus que tout ce que vous pouvez imaginer. En même temps, je l'aime tellement que je n'ai aucune envie de perturber son existence. Il a une nouvelle famille, à présent. Il évolue dans un bon environnement. Jamais je ne me permettrai de l'arracher à son univers pour qu'il puisse appartenir au mien. Il faut parfois savoir respecter les besoins de ceux qui nous sont les plus chers. Il fallait que je parvienne à aimer suffisamment Joey pour pouvoir m'en séparer. Et ce fut le cas.

Sans mon fils, il ne reste plus que moi. Une fille qui a jadis vécu sous un pont. Une jeune mère qui a dû abandonner l'école. Une femme qui a été séquestrée pendant onze longues années. J'essaie encore de savoir ce que je vais faire, maintenant. Franchement, je me sens souvent complètement perdue. Je passe énormément de temps à me demander : *Puis-je vraiment être heureuse sans mon fils ? Qui étais-je avant de l'avoir ? Pourquoi m'est-il arrivé tant de choses horribles ?* Je n'ai pas toutes les réponses. Ce ne sera probablement jamais le cas. Mais j'ai compris que ce n'était pas en me lamentant sur tout ce qui m'était arrivé que mon quotidien allait pouvoir s'améliorer. Il faut que je me tourne vers l'avenir.

Je dois éviter de me définir en fonction des horreurs que j'ai vécues. Et j'y arriverai avec l'aide de

Dieu. Jour après jour, j'essaie de progresser. Après m'être échappée d'une chambre constamment plongée dans la pénombre pour une nouvelle vie, c'est le plus beau cadeau que je puisse me faire.

Postface
Une vie à reconstruire

Le 7 août 2013, alors que j'étais encore dans ma maison de repos, on rasa la « maison des horreurs » d'Ariel Castro. Les flics avaient achevé leurs recherches. Dieu merci, ils n'y découvrirent aucun corps. Ils étaient tombés sur les vingt-deux mille dollars en liquide qu'il avait planqués dans son sèche-linge. Les procureurs nous proposèrent, à Gina, Amanda et moi, de nous partager la somme, mais chacune d'entre nous refusa, préférant que cet argent serve à rénover le quartier. À mes yeux, c'était de l'argent sale, et le seul moyen de le rendre acceptable était de l'employer pour une bonne œuvre.

Je décidai d'être présente tôt ce matin-là, lorsqu'ils détruisirent la maison.

— Êtes-vous certaine de vouloir y aller ? me demanda mon avocate.

— Oh, que oui. Je veux absolument y assister.

Je souhaitais être là pour la même raison que j'avais voulu m'exprimer au tribunal. C'était un moyen pour moi de tourner la page. La démolition était prévue pour 7 h 30, mais j'arrivai en avance sur les lieux pour avoir le temps de remettre des ballons jaunes à la dizaine de personnes qui se trouvaient le long de Seymour Avenue.

— Tenez, dis-je à une femme en lui tendant un ballon. Il représente l'une des centaines de personnes encore portées disparues.

Pourquoi ai-je donné des ballons ? Parce que je souhaitais que chaque mère de famille concernée reste forte et garde espoir. Je voulais que toutes les victimes qui appellent à l'aide sachent que nous ne les avons pas oubliées. Nous ne cesserons jamais de les rechercher. Ce matin-là, nos ballons s'élevèrent dans les cieux. C'était magnifique.

Juste avant que la grue éventre la chambre rose, à l'étage, je quittai les lieux. J'aurais vraiment voulu rester, mais mon avocate souhaitait me protéger de la presse. En m'éloignant, je me remémorai toutes ces années perdues dans cette maison. Je repensai à toutes les fois où il m'avait maltraitée, à tous ces moments où j'avais pleuré parce que Joey me manquait. Parfois, avant de tourner la page, il faut d'abord faire table rase du passé. C'est la raison pour laquelle il fallait détruire cette maison. C'est aussi pour cela que j'essaie d'oublier toutes les horreurs qui se sont produites en ces lieux.

La « maison de l'espoir ». C'est ainsi que j'ai surnommé l'endroit où j'ai fini par emménager fin 2013. Enfin j'avais mon propre appartement ! Je l'adore. Vraiment. Les murs sont vert clair, d'un ton vraiment apaisant. Cela me donne l'impression d'être dehors, une sensation géniale après être restée enfermée si longtemps. Deux immenses fenêtres permettent à la lumière du jour d'illuminer le salon tous les matins. Plusieurs fois par jour, il m'arrive de me tenir immobile devant l'une des fenêtres et de profiter des rayons du soleil. Puis, à la nuit tombée, je contemple le ciel étoilé et la lune. Je crois que je ne me lasserai jamais de regarder par la fenêtre. C'est la plus belle vue au monde !

Dans cet appartement, les choses les plus insignifiantes me rendent heureuse. Par exemple, je me fais mon propre café tous les matins. Ensuite, soit je lis un livre, soit je peins. C'est moi qui décide de ce que j'ai envie de faire. Dernièrement, je me suis mise sérieusement à l'aquarelle, et mes toiles représentent surtout des fleurs et le ciel bleu. Parfois, dans l'après-midi ou la soirée, je regarde un peu la télévision – la chaîne qui me plaît ! Lorsqu'il m'arrive en zappant de tomber sur des personnes de couleur à l'écran, je regarde cette chaîne un long moment – comme ça, sans raison particulière ! C'est ma façon de faire un doigt d'honneur au type, qui m'avait interdit ce genre d'émission. Ce que je préfère regarder : les séries *Vampire Diaries* et *Les Experts*, et l'émission « Danse avec les stars ». Comme Joey, j'adore tous les types de sport, et particulièrement le base-ball et le basket. *Allez les Cleveland Cavs !*

Le soir, juste avant d'aller me coucher, j'écris parfois dans mon journal intime. Mon nouveau carnet est rose, avec le mot « Amour » inscrit sur la couverture. J'ai passé d'excellentes fêtes de fin d'année avec de nouveaux amis. Voici ce que j'ai écrit à propos de mon premier Noël dans mon nouvel appartement : *Aujourd'hui, ayons le cœur léger et savourons la joie de Noël. Je profiterai de mes amis. Je remercierai le ciel pour Joey et prierai pour qu'il se porte bien. Je remercierai Dieu pour Sa bénédiction, et je me rappellerai toujours que le véritable sens de l'esprit de Noël vient du fond du cœur.* On s'offrit quelques cadeaux, mais j'avais déjà reçu le plus extraordinaire de tous : la liberté. J'avais récupéré ma vie.

On m'a demandé plusieurs fois si je souhaitais avoir un autre enfant. J'adore les enfants, mais, en raison de ce que le type m'a fait subir, je ne pourrai plus en avoir. J'espère néanmoins en avoir de nouveau dans ma vie. Il n'est pas nécessaire d'être la mère biologique d'un enfant pour l'aimer. Il y en a tant qui souffrent. Ainsi, dans les années qui viennent, je chercherai le moyen de leur offrir de l'amour, le genre d'amour dont j'ai toujours rêvé.

En attendant, il faut que je m'occupe d'un autre petit bout de chou : j'ai finalement pris un chien ! C'est un chihuahua, et il est adorable ! Parfois, en le voyant, je repense au petit Lobo, et les larmes me montent aux yeux. Mais il déborde tellement de vie et d'énergie qu'il m'est difficile de déprimer lorsqu'il est dans les parages.

*

* *

En m'échappant de la maison, j'avais immédiatement remarqué à quel point Cleveland avait changé. Mais, depuis, j'ai également observé tout ce qui avait changé dans le pays ! Par exemple, je ne m'étais jamais servi d'un smartphone. Quelqu'un m'a offert un iPhone, et je ne savais même pas comment l'allumer ! Heureusement, un pensionnaire de la maison de repos m'en a expliqué le fonctionnement. Sans parler de Facebook, de Twitter, des e-mails, des SMS et de tous les moyens grâce auxquels les gens communiquent aujourd'hui. D'un côté, c'est génial, mais, d'un autre, cela fait beaucoup de bouleversements d'un coup. Quand ça se met à se bousculer dans mon esprit, j'éteins tout et j'écris dans mon journal, je chante (j'adore toutes les chansons de Mariah Carey), ou je peins (pour les fleurs, ma couleur préférée est le rouge, et le bleu me rappelle constamment mon fils).

Je suis passée à côté d'énormément de choses quand j'étais dans mon cachot : l'ouragan Katrina, le tsunami en Asie, le tremblement de terre en Haïti et l'ouragan Sandy. Pendant ma détention, Michael Jackson et Whitney Houston sont morts. L'économie s'est effondrée, et pas mal de monde a perdu sa maison ou son emploi. Les Américains ont élu leur premier Président noir. Saddam Hussein s'est fait tuer. J'avais appris quelques-unes de ces nouvelles à la radio, mais je n'avais jamais eu l'occasion d'en parler avec des gens du monde extérieur. Lorsque je suis entrée dans la maison de repos, j'avais beaucoup de retard à rattraper. Mes colocataires étaient peut-être âgés, mais j'ai eu d'excellentes conversations avec une partie d'entre eux.

Le samedi soir, j'adore aller danser. J'y vais avec deux ou trois amies. Ce que je préfère, c'est le hip-hop. Une fois sur la piste de danse, je me sens totalement détendue. Après avoir été enchaînée pendant onze ans, obligée d'uriner dans un seau, le fait de pouvoir danser n'a plus rien d'anodin. Il est si merveilleux de pouvoir être libre de ses mouvements... Et j'adore chanter. Je m'essaie au répertoire de Katy Perry, de Rihanna et de beaucoup d'autres.

Tous les dimanches, je vais à l'église. J'en ai fréquenté un certain nombre avant d'en trouver une où la musique était fabuleuse. Je finirai peut-être par m'inscrire à la chorale. Mais je souhaiterais en voir encore deux ou trois avant d'arrêter mon choix. J'espère aussi pouvoir retrouver celle où je suis allée quand j'étais à la rue. Je me demande si Arsenio y est encore. J'adorerais le revoir et le remercier de s'être montré si gentil avec moi, à l'époque où je mourais de faim et de froid.

Vers la fin de l'année 2013, j'ai réalisé un de mes plus grands rêves : je suis allée à Disneyland.

Quand mon fils était petit, je voulais vraiment l'emmener voir Winnie l'ourson, Mickey et Fleur, le petit putois dans *Bambi*. Après mon interview sur le plateau du « Dr. Phil Show », le Dr Phil et ses producteurs ont eu la gentillesse de m'organiser ce séjour. (Merci encore, docteur Phil !) Peggy, mon avocate, m'a accompagnée à Los Angeles. Je sais que cela pourra sembler dingue à certains, mais c'était la première fois que je prenais l'avion.

Dans mon enthousiasme, j'avais mis beaucoup trop de choses dans ma valise.

— Madame, vous voulez bien vous mettre sur le côté ? me demanda un des agents de sécurité de l'aéroport.

Je venais de faire passer ma valise dans la machine à rayons X, et elle contenait une grande bouteille d'eau. De plus, j'y avais rangé, sur le dessus, un gros tube de dentifrice et un flacon de bain de bouche.

— Il est interdit d'emporter tous ces liquides en cabine, m'informa-t-elle. Chaque contenant doit faire moins de cent millilitres. Soit vous allez enregistrer ce bagage, soit je vais être obligée de jeter tout ça.

Je lui lançai un regard interloqué.

— Mais je n'étais pas au courant.

Elle me dévisagea.

— C'est la règle depuis au moins dix ans...

Peggy intervint.

— Eh bien, vous n'imaginerez jamais où elle a passé ces dix dernières années !

On éclata de rire toutes les deux, et la femme dut certainement nous prendre pour des folles. Je finis par retourner au comptoir d'enregistrement. Je connais les règles, désormais !

Après le décollage, je gardai le nez collé contre le hublot.

— J'ai l'impression d'être plus près du paradis ! dis-je à Peggy.

Elle esquissa un sourire en secouant la tête. Je suis sûre que c'était un trajet comme un autre pour la majeure partie des passagers, mais, pour moi, c'était entièrement nouveau. Je n'avais jamais vu de ciel si bleu et de nuages si cotonneux. Lorsqu'on les traversa, j'en demeurai bouche bée ! Après l'atterrissage, sur le trajet de l'hôtel, je fus étonnée par la taille de la ville de Los Angeles. Sur l'autoroute, les voitures se comptaient par milliers, peut-être même par millions ! Toute cette circulation ne me plaisait pas vraiment, mais le climat… Il a fait près de vingt-cinq degrés pendant mon séjour là-bas. C'était parfait.

Maintenant que j'ai vu Mickey – c'était vraiment génial ! –, il me reste encore énormément de rêves à réaliser. Quand on me croise dans la rue, on me demande souvent :

— Alors, qu'est-ce que vous allez faire, maintenant ?

Eh bien, déjà, j'ai repris l'école. En janvier, j'ai commencé à prendre des cours de cuisine. Pendant au moins deux ans, je vais me risquer à presque tous les types de recettes : espagnoles, françaises, italiennes, et, naturellement, américaines. Jusqu'à présent, cela me plaît énormément.

Un jour, j'aimerais ouvrir un restaurant. En servant un bon repas à quelqu'un, on a l'impression de lui offrir une partie de son cœur. J'espère que des gens du monde entier viendront manger ce que je leur cuisinerai.

J'ai envie que les autres aient la même chance que moi. Chaque fois que je dis cela, certains semblent surpris que je puisse considérer avoir eu de la chance après avoir subi toutes ces horreurs. Mais la chance que j'ai eue, c'est d'en être sortie vivante. Je suis encore là. Je respire chaque jour. Et je suis encore capable de faire des choses pour les autres. Il n'y a pas de plus belle chance que celle-là.

*

* *

Ma famille est l'un des sujets que j'ai le plus de mal à aborder depuis que je suis sortie de cette maison. Tout d'abord, je n'ai pas eu la moindre nouvelle de mon père depuis ma libération. J'ignore où il se trouve et même s'il est encore en vie. Quant à ma mère, certains ont du mal à comprendre pourquoi je n'ai pas envie de la revoir. Eh bien, dès que je suis sortie de l'hôpital, j'ai commencé à suivre les actualités. Lors de certaines interviews, elle a déclaré que, plus jeune, je l'avais aidée à travailler dans un potager et que je donnais des pommes au poney du voisin. *Quoi ? De qui parle-t-elle ?* me suis-je alors demandé. Ce n'est jamais arrivé !

Ma mère a transmis cette déclaration à mon avocate : « Pendant de nombreuses années, ma fille Michelle a été victime d'une torture innommable. Ce monstre a complètement modifié sa perception des choses. Ce que je l'ai entendue dire sur moi m'a brisé le cœur. Parce que ce dont elle est convaincue aujourd'hui, même si c'est entièrement faux, la fait souffrir davantage. J'aime ma fille. Je l'ai toujours aimée, et je l'aimerai toujours. Je prie pour qu'une fois rétablie elle s'en rende compte de nouveau. »

Tout ce que je peux vous dire, c'est que j'ai beaucoup souffert pendant mon enfance. Mais je n'écris pas ce livre pour faire des reproches à ma mère ou lui faire de la peine. Maintenant que je suis plus âgée, je comprends que lorsqu'on a soi-même beaucoup souffert, on fait de son mieux pour s'en sortir. C'est sans doute ce qui s'est produit avec ma mère. Comme tout le monde, je sais qu'elle a vécu des moments difficiles, et j'espère que tout finira bien pour elle. Mais, pour le moment, je ne crois pas que ce soit une bonne chose pour moi de renouer avec elle. Il me faut assez d'espace pour orienter ma vie dans une nouvelle direction.

Certains membres de ma famille, comme mes frères et mes cousines Lisa, Deanna et April, me manquent terriblement. Mais je crains qu'en reprenant contact avec l'un d'eux cela me conduise à revoir ma mère, et je n'y suis pas prête. J'espère sincèrement qu'elle finira par comprendre mon point de vue. Mais, même si ce n'est pas le cas, il faut que je continue à regarder vers l'avenir et à chercher un peu de bonheur.

Et puis, il y a le type. J'ai l'impression que tout le monde attend de moi que je le haïsse jusqu'à la fin de mes jours, et, sans mentir, il m'arrive encore très souvent d'être furieuse à propos de tout ce qu'il m'a fait subir. Mais, peu à peu, j'apprends à me débarrasser de ma haine. Je ne dis pas qu'il mérite qu'on oublie ce qu'il a fait, mais que je mérite, *moi*, d'être libre. Et jamais je ne serai entièrement libre si je continue à éprouver chaque jour du ressentiment et de l'amertume envers lui. Ce n'est que par le pardon que je pourrai recouvrer mon existence. Si je ne lui pardonne pas, j'aurai l'impression d'avoir été emprisonnée à deux reprises : quand il m'a séquestrée chez lui et aujourd'hui, même après sa mort. Pour pouvoir récupérer ma vie, il faut que je cesse de le haïr.

J'ignore pour quelle raison ma vie a pris cette tournure. Je me demande parfois à quoi a pu servir toute cette souffrance, pourquoi Dieu ne peut pas nous éviter de telles épreuves. Un jour, quand je serai au ciel, je Lui poserai la question. Mais, pour le moment, la seule logique que j'aie pu trouver à toute cette histoire est la suivante : on traverse tous des moments difficiles. On aimerait bien pouvoir y échapper, mais rien n'y fait. Même si je ne comprends pas ma souffrance, il faut que je lui trouve un dessein.

Quand j'ai été à deux doigts de mourir dans cette maison, Dieu m'a gardée en vie pour une raison. Je crois que c'est pour que je puisse aider des personnes qui se sont trouvées dans la même situation que moi. Quand je ne sais pas trop où j'en suis, c'est l'objectif auquel je me raccroche. Devenir une voix pour ceux qui n'en ont plus, partager mon amour avec ceux qui m'entourent. C'est le seul moyen que j'ai découvert pour être en mesure de me retrouver.

Remerciements

Ce livre n'aurait jamais pu voir le jour sans le Dr Phil. Il m'a aidée et m'a mise en relation avec des gens pour que je puisse entamer une nouvelle vie. Je lui en serai éternellement reconnaissante.

Je souhaiterais remercier mes agents littéraires Jan Miller et Lacy Lynch pour leur investissement, leur aide et leurs conseils. Merci aussi à l'équipe Dupree/Miller : le président Shannon Marven, Nena Madonia, Ivonne Ortega et Nicki Miser pour leur travail et leur soutien.

J'aimerais également remercier Harvey Weinstein ; David Steinberger, le P-DG de Perseus Books ; la directrice éditoriale Amanda Murray ; la directrice d'édition Georgina Levitt ; et la directrice du marketing Kathleen Schmidt. Tous mes remerciements à Leslie Wells pour ses corrections minutieuses.

Toute ma reconnaissance à Michelle Burford, qui m'a aidée à écrire ce livre ; à Christine Marra pour la production ; à Deborah Feingold pour les photos de couverture ; et à Laura Hanifin pour la recherche iconographique.

Un grand merci à mon ami le pasteur Angel Arroyo Jr., ainsi qu'à Charles Ramsey et Angel Cordero. Merci au commandant Keith Sulzer et aux services de police de Cleveland ; à Anna Faraglia et au bureau du procureur du comté de Cuyahoga ; au personnel du Metrohealth Hospital ; à l'ensemble des donateurs du Cleveland Courage Fund ; à Tim Kolonick, Jennifer Meyers et Lisa Miriello du FBI ; aux Guardian Angels de Cleveland ; et à Bob Friedrick. Je remercie aussi mes amis du Happy Days Elderly Care, Carla Pennington, la productrice de l'émission « Dr. Phil Show », et les directrices de l'information Erin Parker et Sarah Carden pour leur aide et leur amitié.

Gina et Amanda, merci d'avoir été mes compagnes d'infortune et mes meilleures amies pendant les onze années que nous avons passées ensemble. Que Dieu vous bénisse pendant toutes vos années de liberté.

Enfin, merci à Abdoul Rahim AbdoulKarim et à tous ceux de chez Giffen & Kaminiski LLC, et particulièrement à mon avocate, Peggy Foley Jones, pour ses conseils judicieux et pour avoir toujours été présente pour moi.

Table des matières

11027

Composition
NORD COMPO

Achevé d'imprimer en Slovaquie
par NOVOPRINT
le 11 avril 2017.

1er dépôt légal dans la collection : mars 2015.
EAN 9782290105467
OTP L21EPLN001809C003

ÉDITIONS J'AI LU
87, quai Panhard-et-Levassor, 75013 Paris

Diffusion France et étranger : Flammarion